LUDOVICUS MAGNUS

SOMMAIRE

LES INVALIDES
L'ÉTAT, LA GUERRE, LA MÉMOIRE

François Lagrange et Jean-Pierre Reverseau

DÉCOUVERTES GALLIMARD
HISTOIRE

« De tous les monuments élevés par Louis XIV, il n'en est peut-être aucun qui soit plus digne que celui-ci d'illustrer son règne : sublime par la dignité de son objet, remarquable par la grandeur de son plan et la beauté de son exécution, cet édifice attestera pendant plusieurs siècles la bienfaisance du monarque qui l'a fondé. »

Quatremère de Quincy, 1808

CHAPITRE 1

L'HÔTEL ROYAL

L'allégorie de la construction des Invalides, peinte par Le Brun pour la galerie des Glaces à Versailles (à droite), témoigne de l'attachement porté par Louis XIV à cette institution, « la plus grande pensée de mon règne », écrit-il dans son testament. Durant l'Ancien Régime, des dizaines de milliers de soldats invalides y ont trouvé asile (à gauche l'un d'eux face au gouverneur de l'Hôtel, en 1770).

Dès que les rois de France, à la fin du Moyen Âge, ont dû recourir, pour disposer d'une force armée permanente, à des troupes professionnelles soldées, le sort de ces hommes quand, blessés, malades, ou simplement trop âgés, ils ne pouvaient plus tenir leur emploi, a posé problème. Des diverses solutions esquissées au fil du temps, sans guère de suite, par le pouvoir, seul subsiste avec une certaine régularité, dans la France des Temps modernes, le placement d'anciens soldats comme oblats (sorte de moine laïc) au sein de communautés ecclésiastiques. Ce dispositif charitable reste imparfait et partiel : les vieux guerriers se montrent d'incommodes compagnons, nombre d'entre eux au demeurant ne trouvent aucun secours et en sont réduits à la mendicité et à la rapine pour survivre. Henri IV, en 1595, avec la maison de la Charité chrétienne, puis Louis XIII et Richelieu en 1633, avec la commanderie de Saint-Louis à Bicêtre, tentent sans succès de spécialiser des établissements dans l'accueil des anciens soldats.

“Nous avons estimé qu'il n'était pas moins digne de notre piété que de notre justice, de tirer hors de la misère et de la mendicité les pauvres officiers et soldats de nos troupes, qui ayant vieilli dans le service, ou qui dans les guerres passées ayant été estropiés, étaient non seulement hors d'état de continuer à nous en rendre, mais aussi de rien faire pour pouvoir vivre et subsister; et qu'il était raisonnable que ceux qui ont exposé librement leur vie et prodigué leur sang pour la défense et le soutien de cette monarchie [...] jouissent du repos qu'ils ont assuré à nos autres sujets, et passent le reste de leurs jours en tranquillité.”

Édit royal de 1674 (ci-dessous, à gauche)

L'iconographie officielle glorifie constamment le « roi de guerre » comme sur cette médaille de 1665 (en haut, à droite) où Louis XIV commande l'exercice du mousquet.

Louis XIV, Louvois et la fondation des Invalides

Il revient à Louis XIV et à son secrétaire d'État à la Guerre, Louvois, de marquer une étape significative dans l'histoire de l'État royal en décidant la création, en 1670, d'une institution nouvelle, l'hôtel royal des Invalides. Le roi et son ministre veulent doter la France de la première armée réglée d'Europe. Cette ambition implique d'améliorer la condition des soldats afin d'en faciliter le recrutement à une époque qui ne pratique pas la conscription et où il faut donc compter d'abord sur des engagements volontaires. La réussite durable de l'hôtel des Invalides témoigne, dans un royaume de France pacifié, de la marge d'action croissante d'une administration capable de gérer des rentrées fiscales plus régulières (le financement de l'Hôtel est assuré pour partie par les prieurés, abbayes, etc., naguère chargés de pensionner les vieux soldats, et pour partie par une retenue sur les dépenses des trésoriers généraux de l'ordinaire et de l'extraordinaire des guerres).

L'emplacement des Invalides relève d'un choix concerté : la plaine de Grenelle est alors un vaste espace inoccupé, humide mais assaini, aux portes de Paris (notamment du faubourg Saint-Germain). La Seine proche permet un ravitaillement constant. L'Hôtel constitue un

“Que du pauvre soldat
le sort est déplorable /
Quand la guerre finit son
malheur recommence /
Alors il est contraint
de s'en aller gueusant.”
Jacques Callot, *Misères et Malheurs de la guerre*, 1633 (gravure ci-dessous)

embellissement de la capitale qui montre l'intérêt que Louis XIV lui porte, même s'il s'en méfie depuis la Fronde. Il structure de plus en facteur d'ordre une population de vieux soldats qui, négligée, aurait pu tourner à l'errance et à l'agitation.

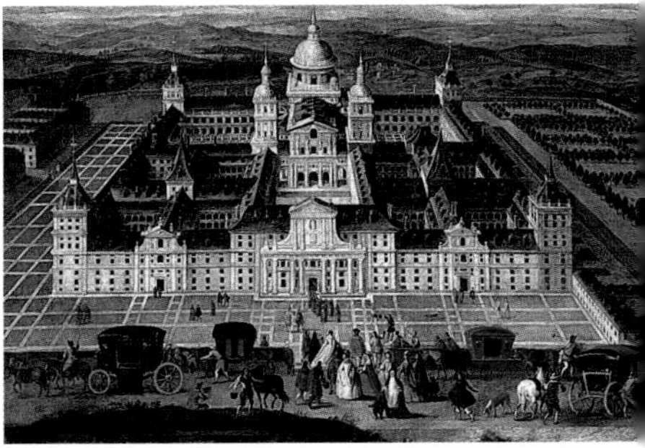

L'Hôtel de Libéral Bruant

La construction débute en 1671 sous la conduite de Libéral Bruant (v.1635-1697). L'architecte des Bâtiments du roi s'est fait connaître auparavant grâce à la Salpêtrière, dont il a établi les plans et élevé la chapelle. Bruant est responsable des projets, puis de la réalisation de

l'essentiel des bâtiments. On lui doit la disposition générale quadrillée, semblable à une grille, avec son alternance de cours et de logements, et une orientation nord-sud dont l'axe principal est la grande cour centrale puis l'église qui la prolonge. Ce type de plan est assez courant en France et en Europe au XVIIe siècle pour les hôpitaux et certains établissements religieux. On l'a également rapproché du palais-monastère de l'Escurial, près de Madrid, sans qu'il faille y chercher une filiation directe.

Une convergence architecturale et certaines ressemblances fonctionnelles ont conduit à rapprocher l'Escurial (ci-dessus), sévère palais-monastère édifié de 1563 à 1584 sur la volonté de Philippe II d'Espagne (1527-1598), aïeul d'Anne d'Autriche, la mère de Louis XIV, et l'hôtel des Invalides (ci-contre). La plupart des bâtiments de l'Hôtel témoignent en effet d'un classicisme dont la simplicité confine à l'austérité, tandis que l'église Saint-Louis apporte à l'ensemble une dimension religieuse prononcée.
Il n'y a cependant pas eu volonté délibérée d'imitation de la part des architectes français. Il convient en outre de rappeler que, contrairement à l'Escurial, l'hôtel des Invalides n'a nullement joué le rôle de résidence du souverain.

Les travaux avancent rapidement : de 1671 à 1674
. l'est de la cour royale, puis, à partir de 1675, à l'est.
Entre 1670 et 1674, les premiers pensionnaires sont
accueillis dans un immeuble loué dans le faubourg
Saint-Germain, rue du « Chasse-Midy » (aujourd'hui
rue du Cherche-Midi). Dès octobre l'Hôtel peut
commencer à loger les invalides. Un récapitulatif,
établi en 1687, des travaux de maçonnerie réalisés
aux Invalides par Bruant et l'entrepreneur Samuel
Pipault, avec lequel il s'est associé en ce domaine,
permet de mesurer l'ampleur et le rythme soutenu

de cette première phase du chantier : 184 000 livres
en 1671, 247 000 en 1672, 215 000 en 1673, 187 000
en 1674, 159 000 en 1675, 162 000 en 1676, 20 000
en 1677 et 16 000 en 1678, soit une somme globale
de 1,190 million de livres. Il convient de rapporter
ces chiffres aux 68 millions dépensés pour Versailles
et aux 4,6 millions pour Marly durant la totalité
du règne (estimations de François Bluche). Pour
compléter la comparaison, rappelons qu'au milieu
du XVIIe siècle, suivant l'historien Pierre Goubert, un
curé vit fort décemment dans sa paroisse d'un revenu
de 40 livres par mois et que le seuil de l'aisance
financière est atteint à raison de 5 000 livres par an.

Le carton de tapisserie exécuté par Pierre Dulin (ci-dessous) est intéressant à plus d'un titre. Il présente un état fantaisiste du chantier des Invalides, montrant le Dôme achevé et la façade nord en construction, inversant le déroulement chronologique réel. En outre, réalisé pour honorer Louis XIV vers 1710-1715, longtemps après la mort de Louvois en 1691, il n'en figure pas moins ce dernier, présentant au roi le plan des Invalides : de quoi nuancer l'idée, popularisée notamment par Saint-Simon, d'une disgrâce posthume du grand ministre.

Un décor monarchique

La façade nord, longue de 100 toises (environ 195 mètres), dont l'horizontalité barre la perspective, culmine, en son pavillon central, à 22 mètres de hauteur. Ledit pavillon, avec son grand arc en plein cintre, divise la façade en deux parties symétriques terminées à chaque extrémité par un autre pavillon. On y trouve nombre de traits du classicisme français du début du règne de Louis XIV: symétrie, grandeur, sévérité. S'y rencontrent en outre trois motifs fondamentaux dont les variations multiples parsèment l'Hôtel : les trophées d'armes évoquent la gloire militaire du roi, les fleurs de lis sont l'emblème traditionnel de la monarchie française, la glorification personnelle de Louis XIV emploie le motif solaire et la référence impériale antique.

La cour Royale, de loin la plus vaste du monument (environ 103 mètres de longueur sur 65 mètres), bordée par deux étages de galeries à arcades, relève d'un style classique dépouillé, presque austère. Aux quatre coins de la cour, en hauteur, se détachent des chevaux furieux piétinant des captifs.

Les effets d'ornementation portent sur les soixante lucarnes, au niveau des combles : s'y reconnaît la thématique des trophées, avec des combinaisons, jamais identiques, d'armes, de cuirasses, de bouches à feu, de drapeaux, de figures héraldiques, etc. Plusieurs commentateurs ont exercé leur sagacité (faute de pouvoir s'appuyer sur un quelconque programme ou commentaire écrits détaillés du temps) en essayant d'interpréter plus avant la symbolique de ces lucarnes, sans résultat assuré. Une tradition attachante, reprise par les plus savants érudits, voit dans le décor singulier

La majestueuse cour Royale (aujourd'hui cour d'honneur, ci-dessous), aux amples et harmonieuses proportions, contribue fortement à organiser la perception de l'espace aux Invalides.

“Quel goût dans cette simplicité ! Quelle beauté dans cette cour qui n'est pourtant qu'u cloître militaire où l'ar mêlé les idées guerrièr aux idées religieuses [.. Le bâtiment religieux est placé derrière les bâtiments militaires, comme l'image du rep et de l'espérance au fon d'une vie pleine de troubles et de périls.”

Chateaubrian
Génie du christianism
18

l'une de ces lucarnes – un loup dont les deux pattes
:iennent l'embrasure de la fenêtre, les armes parlantes
lu secrétaire d'État à la Guerre de Louis XIV :
ın « loup voit » (Louvois). Louvois aurait ainsi
liscrètement inscrit son rôle fondamental dans la
upervision de l'édification de l'Hôtel. Ce sont les
:quipes de Versailles et de Marly qui ont été mises

Le décor sculpté de la cour d'honneur est essentiellement réservé aux parties hautes, frontons, lucarnes (à gauche), corniches des pavillons d'angle (ci-dessous, chevaux piétinant des captifs).

ı contribution pour toutes
:es sculptures.

Quatre réfectoires, bordant
leux à deux les longs
:ôtés de cette cour,
:omportent une série
le peintures de Joseph
?arrocel, Michel II
Corneille et Jacques
Fricquet de Vauroze qui
nagnifient les victoires
le Louis XIV pendant
es guerres de Dévolution
:t de Hollande.

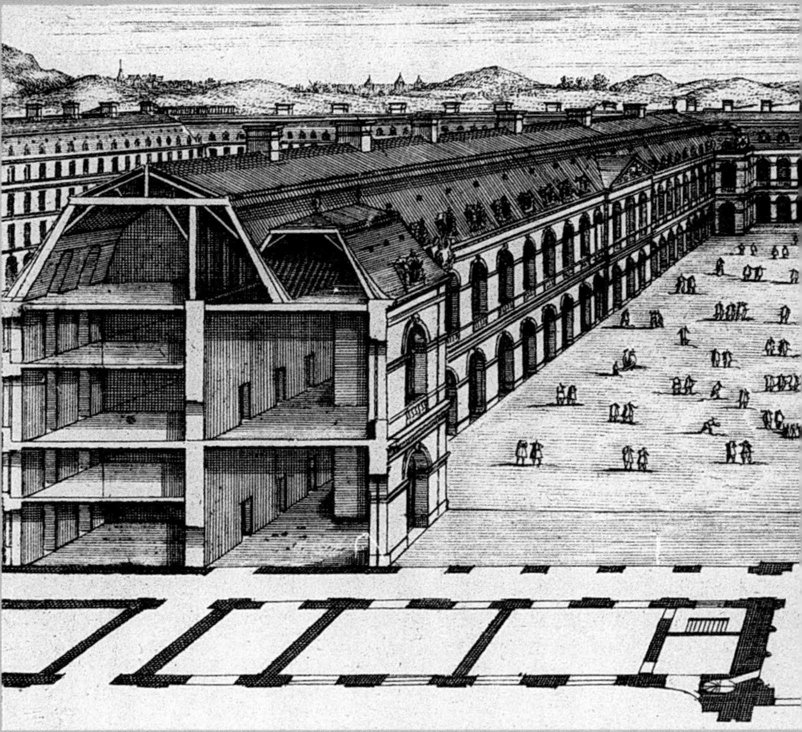

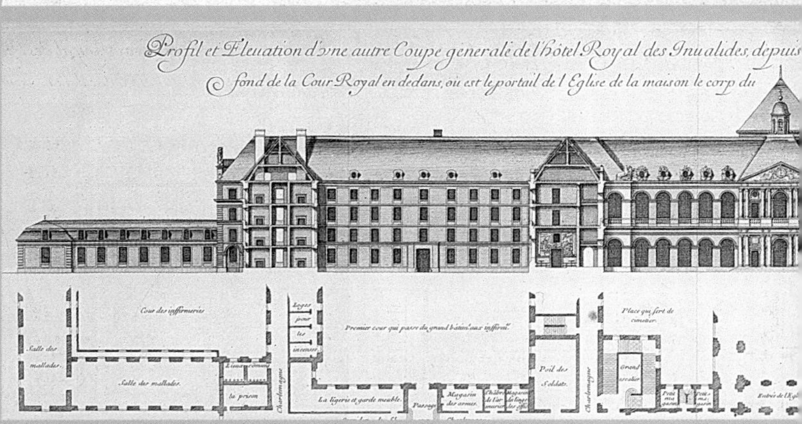
Profil et Eleuation d'vne autre Coupe generale de l'hôtel Royal des Inualides, depuis
fond de la Cour Royal en dedans, où est le portail de l'Eglise de la maison le corp du
Cour des inffirmeries
Salle des mallades.
Salle des mallades.
la prison
Charlemagne
Loges pour les incensez
Premier cour qui passe du grand bâtim.t aux inffirm.ie
La ligerie et garde meuble.
Passage
Magasin des armes.
Poil des Soldats.
Charlemagne
Place qui sert de cimetier.
Grand escalier
Entrée de l'Egl

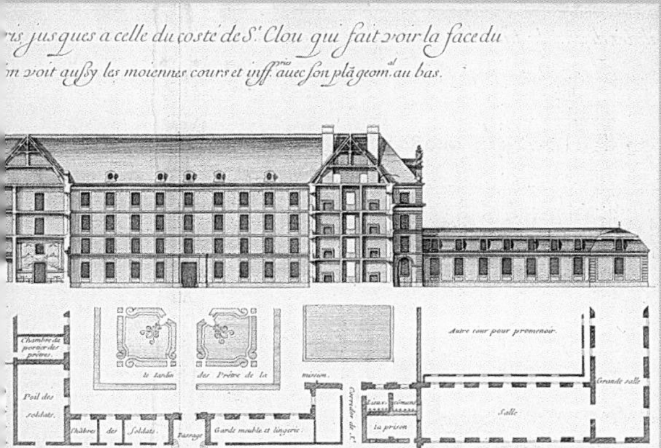

Derrière l'imposante façade nord s'étend la cour Royale (ci-dessus), bordée par deux étages de galeries à arcades. Les ailes orientale et occidentale abritent, au rez-de-chaussée, les réfectoires, et, à l'étage, les chambrées. L'ensemble (bâtiments, cours, jardins) couvre une dizaine d'hectares. Ci-contre, la façade sud avec, au centre, l'entrée de l'église des Soldats.

BATAILLES DE S DENIS

Dans les quatre réfectoires de l'Hôtel, les pensionnaires prennent leurs repas en commun (en haut, à gauche), assis à de grandes tables. La petite table centrale, dite des « buveurs d'eau », réunit des hommes punis pour quelque inconduite mineure et privés de vin. Ce souci d'ordre correspond à la volonté de Louvois de faire prévaloir la discipline militaire. Les réfectoires ont reçu un décor peint, attribué à Joseph Parrocel (1646-1704), Michel II Corneille (1642-1708), aidé semble-t-il par son frère Jean-Baptiste, et Jacques Fricquet de Vauroze (1638-1716). Les différentes compositions représentent des épisodes glorieux pour les armées françaises des guerres de Dévolution (1667-1668) et de Hollande (1672-1679), Louis XIV étant figuré à l'entrée et à l'extrémité de chaque réfectoire. Des restaurations récentes, soutenues par un mécénat du CIC, ont notamment permis de redécouvrir, dans le réfectoire nord-ouest, la qualité et l'originalité de l'œuvre de Parrocel aux Invalides (à gauche, la prise de la ville de Limbourg, le 21 juin 1675 ; ci-contre, un détail de la prise de Gand, le 12 mars 1678).

Le dôme de Jules Hardouin-Mansart

En mars-avril 1676, Louvois fait appel à Jules Hardouin-Mansart (v.1646-1708). Petit-neveu par alliance de François Mansart (1598-1666), il reprend le chantier (sans, semble-t-il, complètement évincer Bruant qui, d'après de récentes études, reste présent jusque vers 1680 pour terminer diverses opérations en cours). Entre 1676 et 1679, il achève l'église dite « des Soldats » en s'inspirant des plans de son prédécesseur.

L'œuvre majeure de Jules Hardouin-Mansart est la grande église, dite église « royale » ou église « du Dôme ». Dès 1676, l'architecte gagne la confiance de ses commanditaires en leur proposant une adroite adaptation d'un projet de François Mansart initialement prévu pour la chapelle funéraire des Bourbons à Saint-Denis. La longueur des travaux prouve l'ampleur de la tâche. Le gros œuvre est édifié entre 1677 et 1687; la charpente et le dôme sont achevés en 1690. Il faut compter avec les difficultés de financement – causées par les longues guerres de la fin du règne – et les hésitations persistantes sur le contenu du programme décoratif et iconographique. C'est seulement le 28 août 1706, lors de sa dernière visite aux Invalides, que Louis XIV reçoit de

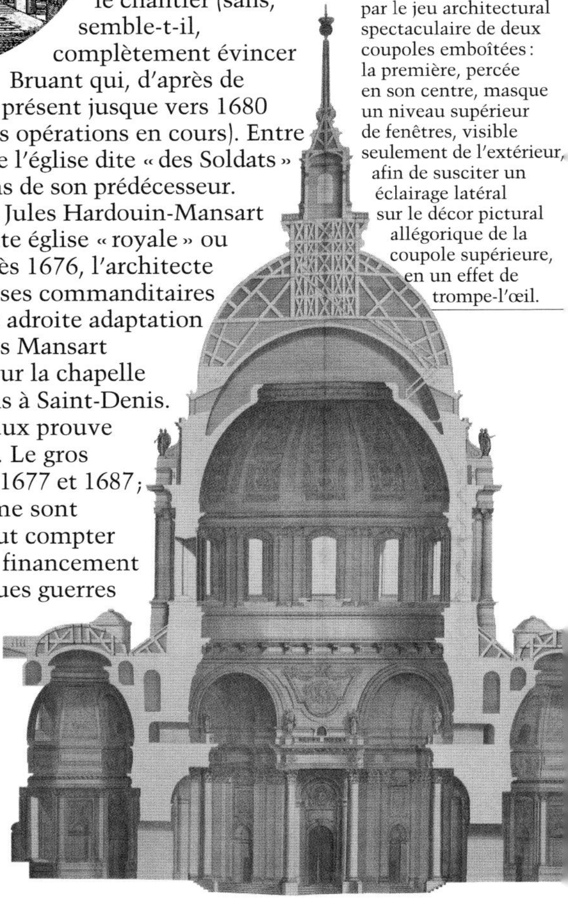

Le défi relevé par Jules Hardouin-Mansart était de réunir, en un seul édifice, deux espaces distincts : un lieu de culte quotidien pour les pensionnaires de l'Hôtel, l'église des Soldats (à gauche), et un espace réservé au roi, l'église du Dôme. Celle-ci se caractérise notamment par le jeu architectural spectaculaire de deux coupoles emboîtées : la première, percée en son centre, masque un niveau supérieur de fenêtres, visible seulement de l'extérieur, afin de susciter un éclairage latéral sur le décor pictural allégorique de la coupole supérieure, en un effet de trompe-l'œil.

Hardouin-Mansart la clef du monument, cérémonie que l'on peut assimiler à une inauguration officielle.

Bien que le Dôme soit une construction distincte de l'église des Soldats, la consultation des plans tend à montrer qu'il n'existe en fait qu'une seule très grande église unitaire, à la nette continuité spatiale : l'église des Soldats en forme la nef et l'église du Dôme à la fois le transept et le chœur. Mais dès leur construction, les deux parties de cette très grande église, en dépit d'un autel double, évoluent de façon distincte : au nord l'église des Soldats, pour le culte quotidien des vieux soldats, au sud celle du Dôme pour le roi, lors de rares solennités. Les remodelages architecturaux provoqués par l'installation du tombeau de Napoléon sous l'église du Dôme, puis l'édification d'une grande verrière en 1872-1873 derrière l'autel de l'église des Soldats ont accentué cette séparation, malgré la commune dédicace à Saint Louis.

La disposition générale est celle d'un corps quadrangulaire surmonté d'une coupole reposant sur un tambour. La coupole, ses trophées et son lanternon dorés confèrent au Dôme un caractère élancé (il atteint 101 m de hauteur). De l'intérieur

La réussite du chantier des Invalides, et tout particulièrement de l'église du Dôme, vaut à Jules Hardouin-Mansart (ci-dessous, à gauche) la faveur durable du roi et de Louvois. La disparition de ce dernier, en 1691, n'entrave nullement son ascension, pas plus que les critiques de ses ennemis relayées par Saint-Simon dans un féroce portrait de l'architecte, accusé de piller les idées de ses collaborateurs. En 1699, couronnement de sa carrière, Hardouin-Mansart devient surintendant des Bâtiments du roi et le restera jusqu'à sa mort.

se devinent le jeu architectural et les effets de lumière subtils de deux coupoles emboîtées.

À l'extérieur (statues de « Saint Charlemagne », de Saint Louis, de vertus, trophées de plomb doré, etc.) comme à l'intérieur du Dôme (bas-reliefs narrant la vie de Saint Louis, frise fleurdelisée autour de médaillons sculptés de rois de France, peintures représentant les évangélistes, les Pères de l'Église, Saint Louis remettant ses armes au Christ, motifs colorés du sol de marbre, etc.), l'unité du discours symbolique est tout aussi remarquable : la gloire militaire du souverain y est réaffirmée, tout comme l'origine divine de son pouvoir, l'ancienneté et la continuité dynastiques qui en résultent (le rang impérial du roi de France est rappelé par le biais des empereurs carolingiens).

Le programme pictural de la coupole du Dôme est sujet à d'intéressantes variations : un premier projet, abandonné, de Charles de La Fosse (1636-1716) en 1677 magnifiait la gloire des armées du roi pendant la guerre de Hollande. Un deuxième projet, lui aussi abandonné, de Pierre Mignard (1612-1695) en 1690 imaginait Dieu au ciel entouré d'anges et de souverains français, tout en réservant une place très importante à la sculpture. Le programme réalisé par Charles de La Fosse après 1700, revient à une prépondérance du décor peint, et insiste sur l'alliance de Dieu et de la monarchie française, notamment dans la personne de Saint Louis.

La somptuosité et la majesté de ce cadre ont conduit des historiens à formuler l'hypothèse que Louis XIV aurait pensé à choisir l'église du Dôme comme tombeau. Nul témoignage écrit contemporain du Roi-Soleil ne corrobore ce point de vue, qui se fonde seulement sur la destination funéraire initiale des plans de François Mansart.

L'architecture complexe du Dôme est conçue pour attirer le regard du visiteur, dans un mouvement ascensionnel, vers la peinture de la coupole supérieure (ci-dessus), œuvre de Charles de La Fosse consacrée à Saint Louis, patron de la dynastie capétienne.

Fonctions et renommée de l'Hôtel

Une originalité de l'hôtel des Invalides est de n'être pas une création univoque. Dès ses débuts, l'Hôtel remplit plusieurs fonctions importantes. Quatre principales se distinguent : caserne, couvent, hôpital, atelier. La pluralité et l'utilité de ces fonctions

contribuent pour une large part à la flatteuse réputation des Invalides, très vite considérés comme une réussite majeure de Louis XIV par lui-même, par ses contemporains, puis par la postérité. Le rayonnement de l'institution se répand dans toute l'Europe. En Angleterre par exemple, dès 1681, Charles II imite son cousin Louis XIV avec la fondation de l'hôpital royal de Chelsea; après une visite, en 1717, le tsar Pierre le Grand crée en Russie un système de pensions (1722).

Sur la coupole inférieure, ouverte en son centre pour laisser voir la peinture, sont représentés les apôtres. En dessous des fenêtres apparentes, sur le bandeau fleurdelisé, figurent les douze rois de France dans des médaillons sculptés.

Louis XIV a montré un intérêt persistant pour les Invalides. Après une première reconnaissance des lieux de leur futur emplacement, en 1670, il s'y rend à quatre reprises : une fois en 1682, deux en 1701, une dernière en 1706. Lors de cette ultime visite, Hardouin-Mansart remet au roi la clef de l'église du Dôme, dont le décor pictural et sculpté est enfin terminé : « Sire, déclare l'architecte, j'ai l'honneur de présenter aux pieds de Votre Majesté la clef de ce temple sacré que votre piété a fait élever à la gloire de Dieu. Heureux si ce travail que vous avez confié à mes soins depuis trente années peut répondre à la haute idée que Votre Majesté m'en a donné et à ses sages conseils ! Ce superbe monument de votre religion marquera à la postérité la plus reculée la grandeur de votre règne. »
Le tableau de Pierre Denis Martin (ci-contre), qui immortalise l'événement, montre bien la situation de l'hôtel des Invalides, alors aux portes de la capitale ; l'espace alentour y apparaît largement dégagé et dépourvu de fossé pour délimiter l'emprise de l'établissement. Les successeurs du Roi-Soleil seront moins attirés par le site : Louis XV et Louis XVI ne s'y rendront respectivement qu'une seule fois.

Une caserne

La fonction militaire des Invalides est essentielle. Louvois engage dans les années 1670 la construction de casernes qui doivent abriter les effectifs nombreux de la puissante armée permanente qu'il organise. L'hôtel des Invalides est représentatif de cet essor, même si, dans ce cas précis, il s'agit de militaires invalides. L'Hôtel, conçu pour recevoir de 1 500 à 2 000 personnes, en compte plus de 4 000 en 1714. Aussi, dès 1690, sont créées des « compagnies détachées » d'invalides, servant notamment dans des places. Être admis à l'Hôtel est de plus en plus difficile : il faut la recommandation de son ancien colonel ou commandant de corps, avoir servi le roi aux armées pendant au moins dix années et même vingt à partir de 1710 (malgré quelques exceptions). En dernier recours, l'admission dépend du bon vouloir du secrétaire d'État à la Guerre (issu, de 1651 à 1701, de la famille Le Tellier).

Les invalides qui le peuvent encore font ensemble l'exercice dans la cour Royale. Louvois charge les gouverneurs des Invalides de faire prévaloir une stricte discipline. Le premier en date, François Lemaçon d'Ormoy, de 1670 à sa mort en 1678, campe bien le type : d'une rigoureuse sévérité, il ne s'intéresse pas moins sincèrement à cette communauté de vieux soldats. L'uniforme est imposé, fort reconnaissable, malgré des évolutions de détail : habit et culotte de drap bleu ; à l'intérieur

Une sévère discipline militaire règle la vie quotidienne des pensionnaires de l'Hôtel. Les plus valides, regroupés en vingt-cinq compagnies, armées de fusils et de hallebardes, doivent se livrer chaque jour à des exercices militaires (ci-dessous). Il existe une gamme variée de sanctions disciplinaires.

Celle du cheval de bois consiste à placer le coupable, durant plusieurs heures, sur un cheval d'arçons, hissé au-dessus du sol et ainsi offert à la risée du public (à droite, sur cette gouache).

le l'Hôtel, l'habit est remplacé par une veste
le peau jaune. Les invalides portent un chapeau
le feutre noir. Les soldats pensionnaires prennent
eurs repas en commun, dans les réfectoires.
Au niveau des étages et de la galerie supérieure
sont placées les chambrées. Les officiers sont deux
ou trois dans des chambres chauffées. Les soldats
dorment dans des dortoirs de quatre à six lits.
La présence de femmes n'est pas autorisée (les
nvalides mariés au moment de l'admission peuvent
rendre visite à leur femme deux fois par semaine).

Les registres d'admission des pensionnaires aux Invalides (ci-dessous) constituent une source très précieuse pour la connaissance non seulement de l'histoire des occupants de l'Hôtel mais aussi des vieux soldats dans leur ensemble et, au-delà, de la société militaire de l'Ancien Régime depuis le règne de Louis XIV jusqu'à celui de Louis XVI. Les pensionnaires de l'établissement reflètent bien la diversité d'origine, provinciale notamment, de l'armée royale. On y dénombre également une proportion significative d'étrangers, Suisses, Irlandais, Allemands ou Italiens.

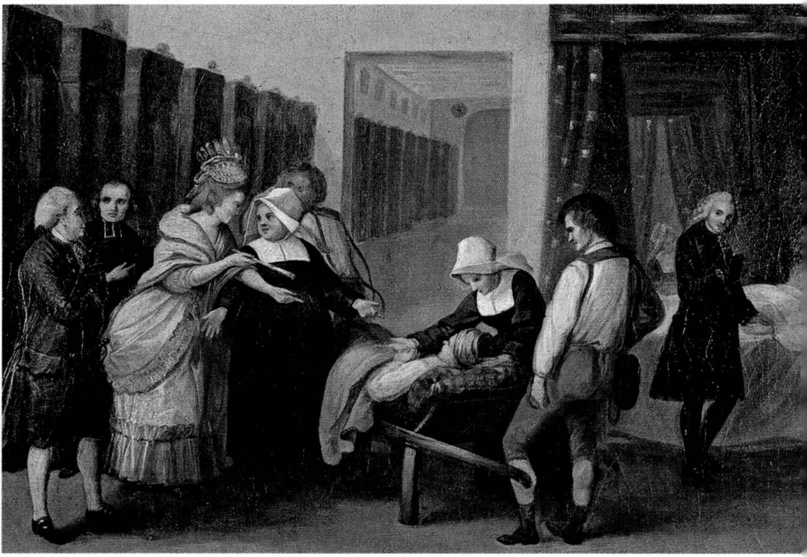

Les quatre salles principales de l'infirmerie (ci-dessus) s'organisent selon un plan en croix. Un autel, placé en son centre (à gauche), permet aux malades de suivre la messe de leur lit. L'infirmerie et l'apothicairerie constituent avec l'église Saint-Louis, l'un des hauts lieux symboliques de l'hôtel des Invalides. Rendre visite aux pensionnaires malades (ci-dessus, une visite du directeur des Finances, Jacques Necker et de sa femme, en 1780) est un moyen simple d'exprime un souci de charité chrétienne, mais aussi de reconnaissance enver des hommes qui ont combattu pour le bien du royaume.

Un couvent

La présence de l'église Saint-Louis des Invalides souligne la forte dimension religieuse du site. Tout pensionnaire qui vient d'être admis emploie ses quarante premiers jours à préparer une confession générale (les anciens officiers ont un délai de quinze jours). L'assiduité aux fréquents offices religieux est exigée. Les protestants, acceptés jusqu'en 1685 (souvent sous promesse de conversion au catholicisme), sont ensuite contraints de se convertir ou de quitter l'Hôtel. L'encadrement ecclésiastique est assuré par douze prêtres de la congrégation de la Mission dès 1675 (vingt en 1680). L'infirmerie est gouvernée par les Filles de la Charité du faubourg Saint-Lazare (ordre fondé par saint Vincent de Paul, mort en 1660), dites « sœurs grises ».

Un hôpital

Le mot « hôtel », au XVIIe siècle, peut encore avoir le sens d'hôpital. L'infirmerie dans laquelle sont soignés les pensionnaires malades, est un autre

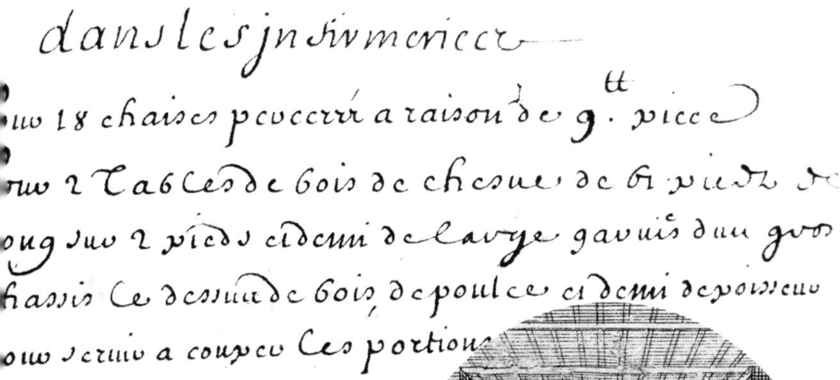
dans les infirmeries
Pour 18 chaises percées a raison de 9 tt pièce
Pour 2 Tables de bois de chesne de 6 pieds de
long sur 2 pieds et demi de large garnis d'un gros
chassis le dessus de bois de pouce et demi d'espaisseur
pour servir a couper les portions

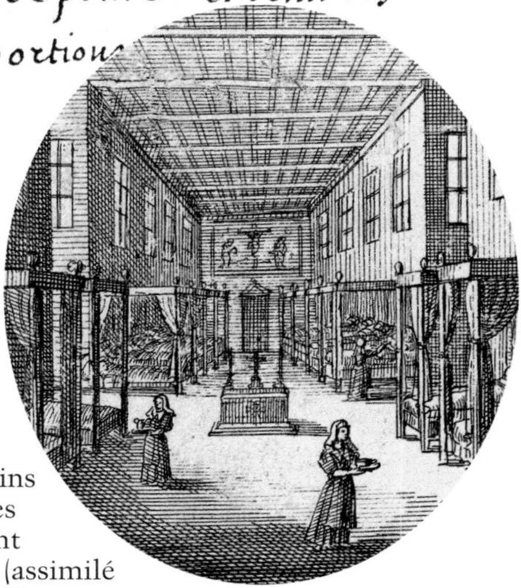

secteur des Invalides témoin de la volonté modernisatrice de l'État monarchique. Placée au sud-est de l'hôtel, elle occupe un espace considérable : à peu près un quart de la surface de l'Hôtel (rez-de-chaussée et premier étage). Sa capacité atteint jusqu'à 300 lits. Chaque malade a son lit individuel, grande avancée pour l'époque. Les « sœurs grises », au nombre de trente, dirigent l'organisation des soins physiques et spirituels des invalides malades. L'encadrement strictement médical est de qualité : un médecin (assimilé à un médecin ordinaire du roi), un chirurgien (chirurgien en chef à partir de 1707), un apothicaire. Les sept garçons chirurgiens sont par contre souvent des invalides peu qualifiés. L'équipement sanitaire est aussi complété par un réseau d'égouts d'évacuation des eaux usées.

L'une des forces de l'hôtel des Invalides, durant le règne de Louis XIV, est de disposer de modes de financement suffisants pour assurer un approvisionnement et un entretien réguliers de l'établissement, garantie de viabilité puis de pérennité (en haut, à droite, détail du registre des comptes de l'Hôtel pour l'année 1676).

Un atelier

Louvois entend faire des Invalides un établissement modèle. Il veut en bannir l'oisiveté et faire travailler les pensionnaires : aussi encourage-t-il l'installation de toute une série d'ateliers de manufactures, aux productions multiples : souliers, bas, uniformes, allumettes, tapisseries. L'atelier de calligraphie et d'enluminure est si réputé qu'il travaille à l'occasion pour Versailles. La vente de leurs productions fournit aux invalides un complément de revenu bienvenu. Les ateliers fonctionnent jusqu'à la mort de Louvois en 1691. Ensuite les dépenses de guerre empêchent le paiement du travail des invalides et ces activités périclitent.

«Pour leurs récréations, il leur est permis de sortir ou jouer à divers jeux.»
Almanach
Nicolas Langlois, 170
(planche ci-dessous

Après le règne de Louis XIV

De la mort de Louis XIV à la Révolution, l'Hôtel paraît solidement établi. Sur le plan monumental, les évolutions sont limitées. Les décors de la façade nord sont complétés en 1733-1734. Vers le milieu du XVIIIe siècle, l'esplanade, longtemps une sorte de terrain vague, se couvre de gazon et de haies. Simultanément Jules Robert de Cotte (1683-1767) réalise des extensions des bâtiments, principalement dans la partie sud-ouest de l'Hôtel.

L'institution, débordée par son succès, multiplie les compagnies détachées hors de l'Hôtel, trop souvent surpeuplé. Aussi Choiseul engage-t-il, nettement à partir de 1764, un long et complexe processus – poursuivi sans être mené à terme par ses successeurs immédiats – de mise en place de pensions (d'invalidité, de vétérance, etc.) préfigurant un système de retraites pour les militaires : aboutissement encore incertain, mais

Deux superbes œuvres issues des ateliers de l'hôtel des Invalides : à gauche, l'antiphonaire (recueil de chants liturgiques) commandé par Louis XIV pour sa chapelle de Versailles ; en haut, à droite, une tapisserie d'entre-fenêtres ornée de trophées d'armes, un thème récurrent aux Invalides pour célébrer la gloire du roi victorieux sur les champs de bataille.

susceptible de remettre en cause la raison d'être de l'Hôtel. Dans son principe cependant, jusqu'à la fin de l'Ancien Régime, l'admission à l'Hôtel, comme à toute pension, relève, pour le soldat « caduc » ou estropié, d'une grâce royale individuelle, non d'un droit collectif.

Notons, au titre de la vie de l'Hôtel, la durable présence en ses murs de Parmentier (1737-1813), pharmacien réputé, propagateur de la pomme de terre comme aliment. Un conflit de compétences l'oppose aux « sœurs grises », maîtresses de l'infirmerie. Elles l'évincent en 1774 de son poste d'apothicaire en chef même si le savant continue à loger et à travailler aux Invalides.

Enfin les opinions exprimées par les philosophes des Lumières, souvent élogieuses, sur l'Hôtel et ses pensionnaires, au fil du XVIIIe siècle, contribuent à éclairer les modifications de la sensibilité d'une partie des élites. À la suite d'un progressif glissement idéologique, l'exemplarité des services rendus par les anciens soldats est désormais appréciée par référence à la patrie plus qu'au souverain.

AUSTERLITZ

La Révolution et l'Empire amorcent la transformation de l'hôtel des Invalides en panthéon militaire national. Cette évolution est consacrée par la décision de Louis-Philippe et de Thiers, en 1840, de faire édifier dans l'église du Dôme le tombeau de Napoléon Ier.

CHAPITRE 2

LE TOMBEAU DE L'EMPEREUR

La présence du tombeau de Napoléon aux Invalides (à gauche) a profondément modifié la perception que le public a de l'Hôtel. La statue de l'Empereur par Seurre (à droite), placée à l'origine au sommet de la colonne Vendôme, orne depuis 1911 la façade sud de la cour d'honneur. Elle restitue parfaitement la silhouette que la légende a rendue familière.

Les bouleversements révolutionnaires

C'est aux Invalides, à certains égards, que commence la Révolution, quand, le matin du 14 juillet, la foule parisienne s'empare des nombreuses armes à feu entreposées dans les magasins de l'Hôtel. Les vieux soldats présents, dont les effectifs ont été réduits à la fin de l'Ancien Régime (ils sont seulement 1 247 en 1783, après les réformes du comte de Saint-Germain),

n'opposent pas de résistance, certains montrent même de la sympathie pour les pilleurs.

La Révolution s'attache à repenser la nature du métier des armes ; dans cette perspective, la Constituante adopte la loi du 22 août 1790 créant une véritable retraite généralisée, fondée sur la durée du service, pour les anciens militaires. Il ne s'agit plus d'une faveur venue d'en haut mais de la reconnaissance d'un droit des citoyens soldats. La question de l'existence de l'Hôtel est alors posée. Ses détracteurs en critiquent les dysfonctionnements (insuffisances du logement, de la nourriture, dépenses excessives, etc.), mais sont surtout gênés par la coloration monarchique d'un établissement trop lié au souvenir de Louis XIV. On parle d'en faire

DÉCRET
DE LA
CONVENTION NATIONAL[E]

Du 6 Février 1793, l'an fecond de la république Françoi[se]

Relatif au changement des Boutons des ha[bits] des militaires Invalides.

« Le vieux Sombreuil [le gouverneur de l'Hôtel] fut très habile. Il se présenta à la grille, dit qu'il avait effectivemen[t] des fusils, mais que c'était un dépôt qui lui était confié, que sa délicatesse de militaire et de gentilhomme ne lu[i] permettait pas de trahir. Cet argument imprévu arrêta la foule tout court admirable candeur du peuple, à ce premier âge de la Révolution ! Sombreuil ajoutait qu'il avait envoyé un courrier à Versailles, qu'il attendait la réponse [...]. Il se trouva là heureusement un homme moins scrupuleux qui empêcha la foule d'être ainsi mystifiée. Il n'y avait pas de temps à perdre ; et ces armes, à qui étaient-elles, sinon à la nation ? [...] On sauta dans les fossés, et l'hôtel fut envahi ; vingt-huit mille fusils furent trouvés dans les caves, enlevés, avec vingt pièces de canon. »

Jules Michelet
Histoire de la Révolution française, 186[...]

[En haut, à gauche, le peuple de Paris, massé devant l'Hôtel, le 14 juillet 1789.]

une simple caserne ou un hôpital. Dubois-Crancé, spécialiste des affaires militaires, se prononce pour la dissolution de l'institution, le 13 février 1791. D'autres s'y opposent, tels l'abbé Maury, le 23 mars 1791, sensible au prestige international des Invalides et à leur valeur de modèle, ou encore le comte de Clermont-Tonnerre, qui recommande de faire participer les pensionnaires à la gestion de l'Hôtel.

La loi du 17 avril 1791 maintient l'Hôtel dans son emploi traditionnel, mais le réserve aux seuls soldats estropiés ou « caducs » qui n'ont pas de moyens de subsistance (l'âge n'est pas un critère suffisant d'admission). Celle du 16 mai 1792 le rebaptise « hôtel national des Militaires invalides », lui donne un statut civil, sous l'autorité du ministère de l'Intérieur. Avec la guerre et l'aggravation de la crise politique, projets et décrets se succèdent, sans que les circonstances leur permettent de produire de véritables effets.

L'hôtel des Invalides, par sa fondation et son décor, est si nettement associé à la gloire du monarque que l'intrusion – pacifique, mais en masse – du peuple de Paris dans ses murs, le 14 juillet 1789, a frappé les esprits; elle constitue une scène historique étroitement associée à la prise subséquente de la Bastille. Les témoins ont également rapporté que les pensionnaires accueillirent la foule sans hostilité, voire avec sympathie. Ci-dessus, le peuple en armes, à l'intérieur du Dôme.

Après la période d'effervescence que traverse l'Hôtel pendant la Révolution, le Consulat et l'Empire marquent le rétablissement, pour les invalides (ci-dessus, vers 1810), d'une vie régie par la discipline de caserne. Napoléon ne tolère aucune agitation. Mais il n'oublie pas l'origine militaire de son pouvoir et saisit les occasions d'employer à son profit le capital de légitimité symbolique que représentent le site et les pensionnaires. Il rétablit le titre de gouverneur et en accroît le prestige : alors qu'aucun gouverneur de l'Ancien Régime n'était maréchal de France, le général Sérurier (1742-1819), nommé à la tête des Invalides, devient, peu de temps après, maréchal d'Empire.

Les résidants de l'Hôtel sont eux-mêmes fort actifs et, de 1789 à 1793, multiplient adresses, pétitions et défilés. Par deux fois, les 11 et 19 août 1792, une foule parisienne déchaînée vandalise l'Hôtel. La Révolution dans sa phase radicale s'en prend au décor monarchique, qu'elle masque, démonte ou détruit. Certaines fonctions habituelles des Invalides sont suspendues : l'église Saint-Louis est fermée au culte et transformée en « temple de Mars et des Vertus guerrières ». Les drapeaux pris à l'ennemi y sont exposés. Cette laïcisation militaire momentanée est la première amorce d'une évolution fondamentale de l'Hôtel.

Le Directoire ramène progressivement le calme : dès 1796 « la maison des Invalides » repasse sous le contrôle du ministère de la Guerre. En 1797 est nommé un commandant (titre qui remplace provisoirement celui, trop « ancienne France », de gouverneur) à poigne, le général Berruyer (1738-1804). Le nombre des pensionnaires, qui a beaucoup fluctué, dépasse 5 000 hommes par suite de la guerre et des problèmes économiques et financiers.

La protection impériale

Napoléon Premier consul poursuit la remise en ordre. Il rétablit le culte catholique dans l'Hôtel en avril 1801. Surtout, son intérêt pour l'institution aboutit au décret organique du 25 mars 1811. L'Empereur s'y place à dessein dans la continuité de Louis XIV en devenant le protecteur direct de l'hôtel impérial des Invalides, dont il parachève la réorganisation. Il se réserve la nomination de toutes les autorités de l'institution. Le décret comporte d'autres dispositions, renforçant l'encadrement religieux ou fixant l'uniforme des pensionnaires (fort proche de celui porté à la fin de l'Ancien Régime). L'élément majeur réside dans l'attribution d'une solide dotation financière à l'Hôtel, fondée sur une gamme variée de revenus réguliers (parmi lesquels le bénéfice d'une retenue pesant sur les traitements et pensions militaires de quelque importance). Du début à la fin de son règne, Napoléon visite à plusieurs reprises les Invalides en veillant à montrer l'attention qu'il porte aux pensionnaires qui y séjournent.

La naissance du panthéon militaire

Pour autant Napoléon fait siennes certaines orientations prises durant la Révolution. Il procède à la première distribution de la Légion d'honneur, le 15 juillet 1804, lors d'une cérémonie qui utilise église des Soldats et église du Dôme comme un seul ensemble. Les Invalides continuent à être les dépositaires de nombreux trophées – jusqu'à 1 417 drapeaux. Le maréchal Sérurier, gouverneur des Invalides compose une batterie triomphale avec les bouches à feu prises à l'ennemi – elle est parvenue, non sans vicissitudes, jusqu'à nos jours.

Napoléon se rend régulièrement à l'hôtel des Invalides, renouant avec une tradition établie par Louis XIV mais un peu délaissée par ses successeurs.
Il visite sept fois l'Hôtel en tant que chef de l'État : à deux reprises en 1800, puis en 1802, 1804, 1808 (ci-dessous), 1813 et 1815 (pendant les Cent-Jours).
Les grands déploiements de faste officiel alternent avec des visites plus resserrées sur l'institution et les anciens soldats.

Plus encore, Napoléon confère à l'Hôtel une dimension funéraire nouvelle. Les seules personnalités de quelque renom enterrées aux Invalides durant l'Ancien Régime sont les anciens gouverneurs, inhumés dans le caveau situé sous l'église des Soldats, d'où l'appellation « caveau des gouverneurs » (la dépouille de Louvois y repose de 1691 à 1699, avant d'être transférée à l'église des Capucines). Napoléon décide la translation du tombeau de Turenne (1611-1675), qui est placé dans l'une des deux chapelles médianes du Dôme, le 22 septembre 1800. Le discours prononcé par Lazare Carnot, ministre de la Guerre, expose les raisons de ce choix significatif. Turenne, figure du général intègre, loyal, dévoué à la patrie, entre en résonance avec les Invalides, lieu symbolique des vertus militaires. Le relais s'opère sans heurt. Puisque les Invalides réunissent de vieux soldats méritants, il est légitime qu'y soit inhumé l'un des plus grands

Le 15 juillet 1804, aux Invalides, Napoléon (ci-dessus), procède à la première distribution des insignes de la Légion d'honneur, l'ordre qu'il a créé deux ans plus tôt, en présence notamment de quatorze maréchaux et de sept cents invalides. C'est l'une des rares occasions où l'église Saint-Louis des Invalides est utilisée comme un ensemble, sans la distinction usuelle entre église des soldats et église du Dôme. L'expérience n'est pas totalement concluante et Napoléon renoncera à son projet d'organiser les cérémonies du sacre impérial aux Invalides.

À la chute de l'Empire, le maréchal Sérurier, gouverneur des Invalides, se refusant de rendre à l'ennemi les trophées exposés dans l'église des Soldats, ordonne leur destruction. L'autodafé a lieu le 30 mars 1814 dans la cour d'honneur de l'Hôtel (ci-contre). Les cendres et les restes sont jetés dans la Seine.

hommes de guerre français : argumentation promise à un bel avenir ! En 1807-1808 est élevé, par souci de symétrie, dans l'autre chapelle médiane du Dôme, un monument (repris en 1847 par le sculpteur Étex, 1808-1888) en l'honneur de Vauban (1633-1707), avec une urne contenant son cœur.

Dans les deux cas l'objectif est politique : le Consulat puis l'Empire se donnent des ancêtres prestigieux. N'est-il pas rétrospectivement ironique que ces deux maréchaux de France, serviteurs de Louis XIV, reposent sous le Dôme non par la volonté de Louis XIV mais par celle de Napoléon ? La chute de Napoléon ne provoque pas de grands bouleversements à l'Hôtel. La Restauration se contente de restituer avec soin le décor royal tout en se méfiant des vieux soldats invalides suspectés de nostalgie pour l'Empereur. La monarchie de Juillet, mieux disposée envers les pensionnaires, aménage une crypte, dans la galerie architecturale

Pendant la Révolution, le maréchal de Turenne jouissait d'une grande réputation posthume et son tombeau (ci-dessous), à Saint-Denis, avait été épargné. Installé par le Consulat dans l'église du Dôme, ce remarquable monument du XVIIe siècle est en parfaite harmonie avec le décor intérieur dont il est contemporain.

préexistant sous le Dôme, où sont regroupés les corps des victimes de l'attentat de Fieschi, en 1835, contre Louis-Philippe. Parallèlement s'affirme l'habitude de placer dans le caveau des gouverneurs non seulement les corps de ces derniers mais aussi ceux de chefs militaires que les régimes successifs souhaitent honorer.

Le retour des cendres de l'Empereur

Mais l'acte décisif de Louis-Philippe, dans l'histoire des Invalides, n'est autre que l'organisation du retour des cendres de Napoléon. Thiers, président du Conseil, bien qu'adversaire du bonapartisme, est un admirateur de l'Empereur et un historien de la Révolution et de l'Empire. Après s'être assuré de l'accord des Britanniques, propriétaires de l'île de Sainte-Hélène, sur laquelle Napoléon est mort en exil et enterré, il lance l'opération du retour des Cendres. Le régime orléaniste, dont les options pacifiques en Europe sont assez peu populaires car jugées pusillanimes, espère par ce coup politique s'attirer les faveurs de l'opinion publique.

La loi du 10 juin 1840 stipule que « le tombeau sera placé sous le dôme, consacré ainsi que les quatre chapelles latérales à la sépulture de l'empereur Napoléon ». Le 12 mai 1840, lors des débats précédant le vote, le ministre de l'Intérieur, Rémusat, justifie le choix des Invalides en insistant sur leur fonction d'accueil des vieux soldats méritants : « [...] il ne faut pas à Napoléon la sépulture ordinaire des rois ; il faut qu'il règne et commande encore dans l'enceinte où vont se reposer les soldats de la patrie, et où iront toujours s'inspirer ceux qui seront appelés à la défendre. [...]. L'art élèvera sous le dôme, au milieu du temple consacré par la religion au dieu des armées, un tombeau digne, s'il se peut, du nom qui doit y être gravé ». L'argumentation ne manque pas de cohérence, car bien des pensionnaires de l'Hôtel

Le 15 décembre 1840, les milliers de spectateurs massés sur les estrades dressées sur l'esplanade assistent à l'arrivée du char funèbre qui transporte le corps de l'Empereur aux Invalides (ci-dessous). Organisateur de la cérémonie, le régime de Louis-Philippe en escompte un renforcement de sa popularité, voire de sa légitimité. La révolution de février 1848 montre la vanité de ses espoirs.

ont servi l'Empereur et lui vouent une réelle admiration. On notera que l'hommage ministériel concerne d'abord le génie militaire. Installer Napoléon aux Invalides, et non à Saint-Denis, équivaut d'une certaine manière à le confiner et à le mettre hors continuité dynastique. Louis-Philippe vise à flatter le sentiment national, non à légitimer des prétentions bonapartistes concurrentes. Louis Napoléon Bonaparte (futur Napoléon III) tente vainement, une nouvelle fois, un coup d'État en août 1840; il est jugé, condamné et emprisonné.

Le cercueil impérial est temporairement installé dans la chapelle Saint-Jérôme (ci-dessus), décorée pour l'occasion des symboles impériaux (aigles et abeilles).

Une mission conduite par le prince de Joinville, troisième fils de Louis-Philippe, se rend à Sainte-Hélène. Elle en ramène la dépouille de Napoléon. Son arrivée en France est l'occasion de nombreuses cérémonies publiques, qui culminent le 15 décembre 1840 aux Invalides quand le roi Louis-Philippe accueille en personne le cercueil impérial.

La présence de Napoléon sous le Dôme accroît l'intérêt du public pour les Invalides. Le pouvoir politique en tient compte. Si, après le retour des Cendres en 1840, Louis-Philippe ne revient pas aux Invalides, en revanche Louis Napoléon Bonaparte, président de la République puis empereur des Français, de 1848 à 1870, s'y rend officiellement à neuf reprises : sept fois entre 1849 et 1852, afin de souligner sa filiation napoléonienne (notamment lors de la messe anniversaire de la mort de son oncle, le 5 mai), puis en 1855 et 1861. De toutes ces visites, la plus spectaculaire est certainement celle du 24 août 1855, durant la guerre de Crimée : la France et la Grande-Bretagne sont alors alliées pour lutter contre les empiétements de la Russie aux dépens de l'Empire ottoman. Aussi Napoléon III reçoit-il en France la reine Victoria. Celle-ci, dans un geste de réconciliation, rend hommage à Napoléon Ier (ci-contre), que veillent les invalides dans la chapelle Saint-Jérôme. D'autres souverains européens visitent l'Hôtel au cours du Second Empire : Victor-Emmanuel II, roi de Sardaigne et bientôt d'Italie, en 1855 également, le tsar Alexandre II de Russie et l'empereur d'Autriche François-Joseph en 1867.

Le mausolée impérial

Louis Joachim Tullius Visconti (1791-1853), habile à se ménager les faveurs du pouvoir, remporte le concours pour la construction du tombeau impérial. Selon le texte voté par la chambre des députés, le 13 mai 1841, le mausolé devra « respecter l'œuvre de Mansart et de Louis XIV, [avoir] l'aspect de la grandeur sans trop s'élev du sol, quelque chose qu attire le regard, qui s'en empare, mais sans lui interdire d'embrasser l'ensemble de l'édifice ».

Il reste à édifier le tombeau. Une commission (qui comprend notamment Ingres, Fontanes, David d'Angers, Théophile Gautier, mais est dominée par l'administration) est nommée en novembre 1841 pour choisir entre les différents projets. Elle retient, en mars 1842, celui de l'architecte italien naturalisé français, Visconti, organisateur des cérémonies officielles du retour des Cendres et candidat officieux du pouvoir. Ses plans, qui seront d'ailleurs substantiellement remaniés, s'harmonisent mieux que les autres avec la structure du Dôme.

L'originalité du parti de Visconti tient à sa conception d'une grande excavation : 6 mètres de profondeur, 15 mètres de diamètre (21 mètres avec la galerie circulaire), au centre de laquelle est situé le tombeau de Napoléon. Le remaniement architectural est important mais préserve mieux que tout projet en surface les équilibres intérieurs de l'église du Dôme.

La réalisation commence en 1842. Les coûts sont élevés, les dépassements de budget répétés. La conjoncture politique agitée (révolution de février 1848, coup d'État du 2 décembre 1851) affecte le rythme des travaux. Visconti meurt en 1853, son ouvrage quasi terminé. L'inauguration, avec placement définitif du corps de Napoléon (déposé de 1840 à avril 1861 dans la chapelle Saint-Jérôme) dans l'excavation, n'intervient que le 2 avril 1861. Napoléon III, finalement parvenu au faîte du pouvoir, a longtemps hésité avant d'avaliser l'installation du tombeau de son oncle aux Invalides. Comme Napoléon Ier il était tenté, par intérêt dynastique, de privilégier une sépulture à Saint-Denis. Il y renonce devant les lenteurs et les dépenses prévisibles d'un nouveau chantier.

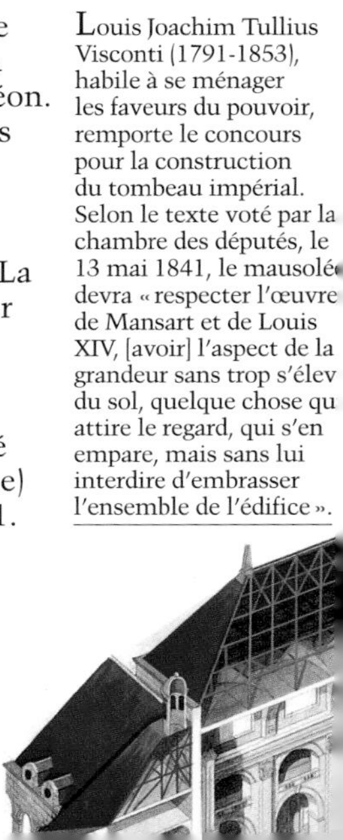

Visconti a adopté un parti architectural
spectaculaire. Derrière l'autel à colonnes torsadées
qu'il a créé pour remplacer l'autel double d'origine,
détruit pendant la Révolution, des escaliers
conduisent au tombeau. On y accède par une
porte monumentale, au-dessus de laquelle est
inscrite une phrase du testament de Napoléon :
« Je désire que mes cendres reposent sur les bords
de la Seine au milieu de ce peuple français que
'ai tant aimé. » Cet extrait ne permet pas de
définir un emplacement précis. Les autorités
feignent d'y voir la préfiguration du choix
des Invalides, alors que l'Empereur se
considérait comme le fondateur d'une
quatrième dynastie – succédant aux
Mérovingiens, aux Carolingiens et
aux Capétiens – et avait indiqué sa
préférence pour Saint-Denis.

Face à cette porte veillent les
tombeaux de deux proches de
Napoléon, le général Duroc (1772-
1813), tué à l'ennemi en 1813, et
le général Bertrand (1773-1844),
fidèle compagnon d'exil à
Sainte-Hélène, qui a
accompagné le retour
des Cendres.

Bien des amateurs de l'art du Grand Siècle reprochent à Visconti d'avoir porté atteinte à l'équilibre intérieur du Dôme. L'excavation qui accueille le mausolée impérial, mais aussi le rétablissement d'un autel imposant, fort différent de celui conçu par Hardouin-Mansart, ont considérablement modifié les perspectives intérieures. L'unité, déjà problématique, du Dôme et de l'église des Soldats est définitivement compromise. La comparaison du Dôme avant et après l'installation du tombeau (double page suivante) est éclairante.

La présence de Duroc et de Bertrand souligne par contraste l'absence des maréchaux d'Empire, dont les relations avec Napoléon ont été souvent très tendues lors des deux abdications, en 1814 et 1815 (il est vrai que certains d'entre eux, notamment ceux qui furent gouverneurs des Invalides, reposent dans le caveau des gouverneurs, tout près, dans l'église des Soldats). L'entrée est encadrée par deux statues colossales, dues à Francisque Duret (1804-1865), portant les emblèmes du pouvoir souverain.
Une série convergente de symboles, sur le sol et sur la porte, évoque l'Empire : aigle impériale, N de Napoléon, foudre, étoile de la Légion d'honneur.

Deux bas-reliefs de marbre blanc, à l'issue de l'escalier puis du couloir aboutissant au mausolée impérial prouvent le souci qu'a Louis-Philippe de signaler son rôle dans le retour des Cendres ; d'une part *Le Prince de Joinville au tombeau de Napoléon à Sainte-Hélène* par Augustin Dumont (1801-1884), d'autre part *Le Roi Louis-Philippe recevant les cendres de l'Empereur sous le dôme des Invalides* par François Jouffroy (1806-1882).

Après cette lente préparation s'impose, à l'entrée de la galerie circulaire, la monumentale sépulture impériale : le massif et muet (aucune inscription) sarcophage de quartzite rouge de Carélie est posé sur un socle de granit vert des Vosges. La hauteur du tout approche cinq mètres. À l'intérieur du sarcophage est placé, depuis 1861, le corps de l'Empereur. Comme

« Que les restes de l'Empereur Napoléon sont dans six cercueils :
Un cercueil en fer blanc ; — 2° Un cercueil en bois d'Acajou ; — 3° Un cercueil en
mb ; — 4° Un second cercueil en plomb, séparé du premier par de la sciure et des coins de bois ; —
Un cercueil en bois d'ébène ; — 6° Un cercueil en bois de chêne qui protège le cercueil en ébène ;

le soulignent à l'envi les multiples guides et livrets descriptifs, Napoléon repose dans cinq cercueils emboîtés : fer-blanc, acajou, deux en plomb, ébène (un sixième en chêne, utilisé pour le retour en 1840, n'a pas été conservé). Il est revêtu de son habit vert de colonel des chasseurs de la garde impériale, avec les insignes de la Légion d'honneur et de la Couronne de fer (deux ordres qu'il a créés).

Le décor alentour se partage entre l'exaltation calculée de la gloire militaire et celle, non moins concertée, de l'œuvre institutionnelle de Napoléon. L'illustration de la thématique guerrière est traditionnelle et impersonnelle, probablement parce que les hauts faits de l'Empereur dans ce domaine dominent la mémoire collective : douze victoires monumentales, de James Pradier (1790-1852), représentent les campagnes victorieuses de l'Aigle. Au sol, une mosaïque polychrome dessine une étoile

Le 2 avril 1861, en présence de Napoléon III et de la famille impériale, une messe est célébrée à l'occasion de l'installation du corps de Napoléon dans son tombeau définitif. Par logique dynastique, le Second Empire a placé peu après d'autres membres défunts de la famille impériale sous le Dôme : le tombeau du roi Jérôme (1784-1860) et celui du roi Joseph (1768-1844), frères de Napoléon, occupent ainsi chacun, en surface, une chapelle latérale.

et porte mention de huit des plus célèbres victoires de Napoléon : Rivoli (1797), Pyramides (1798), Marengo (1800), Austerlitz (1805), Iéna (1806), Friedland (1807), Wagram (1809), la Moskowa (1812), résumant quinze années de succès.

Le rappel des réalisations civiles majeures de Napoléon prend la forme d'un discours dans la pierre : dix bas-reliefs en marbre blanc ornent la galerie circulaire et se lisent, de gauche à droite,

Le parti néoclassique très conventionnel de Simart, auteur des dix bas-reliefs de la galerie circulaire et de la statue de l'Empereur (ci-dessous), lui a été reproché par nombre de critiques qui y ont vu une évocation trop pâle du génie de Napoléon.

tel un véritable bilan. Tous ont été composés puis en majorité sculptés par Pierre Charles Simart (1806-1857). Le culte impérial de l'Antiquité romaine en constitue la référence explicite. Chaque bas-relief porte en inscription une phrase, tirée du *Mémorial de Sainte-Hélène* de Las Cases (1766-1842), qui en résume la portée. La notion de liberté n'apparaît qu'une seule fois, à propos du commerce, celle d'égalité à deux reprises (pour le Code civil et de nouveau pour le commerce). L'ordre et la loi sont implicitement bien mieux servis.

Au centre de cette série de bas-reliefs, une cella fait face au corridor d'entrée. Elle réintroduit la thématique militaire : sur ses murs sont mentionnés les noms de dizaines de batailles remportées par Napoléon, comme pour élargir la sélection des huit victoires cernant le sarcophage. La cella abrite également une grande statue (2,60 mètres de haut environ), par Simart, de Napoléon en costume de sacre, au manteau parsemé d'abeilles impériales. Aux pieds de cette statue a durablement séjourné une vitrine reliquaire des souvenirs personnels de l'Empereur.

Visconti a su habilement répondre à la demande du pouvoir orléaniste. Il a contenu, au propre et au figuré, la gloire napoléonienne. Il a écarté l'évocation biographique de l'Empereur au profit d'une figuration à l'antique, proche du mythe, presque atemporelle, dont le potentiel dynastique est gommé et que les artistes ayant travaillé au tombeau – Simart notamment – ont exécutée dans une veine académique peu expressive (Ingres a défendu cette approche néoclassique contre de vives critiques). L'Empereur représenté est celui qui plaît aux notables – fort différent du Prométhée romantique ou du Napoléon populaire – parce qu'il a stabilisé le pays et réussi une synthèse, rassurante, entre l'Ancien Régime et la Révolution. Il est frappant de constater, sur le plan idéologique, que les bas-reliefs de la galerie circulaire décrivent une sorte de parcours type pour tout prétendant au rôle d'homme providentiel dans la société française postrévolutionnaire, au XIXe siècle et même au XXe siècle. Le tombeau de Napoléon marque la transformation de l'hôtel des Invalides en panthéon militaire national, fonction qui ne fera que s'amplifier au siècle suivant.

Les bas-reliefs de Simart (ci-dessous, de gauche à droite, le Concordat, les grands travaux publics, le code civil) rappellent la volonté napoléonienne de refonder le corps social après le mouvement révolutionnaire. Le bas-relief portant sur le Code civil (« Code Napoléon ») valorise ainsi une société fondée sur l'ordre et sur la loi, répondant aux attentes des notables de la France du XIXe siècle. Napoléon en est le garant symbolique et Louis-Philippe, entre les lignes, l'usufruitier pragmatique. La composition met soigneusement en scène le refus de l'Ancien Régime et évite toute référence à la dimension démocratique de la Révolution. Comme l'a déclaré Napoléon en prenant le pouvoir, « La révolution est fixée aux principes qui l'ont commencée. Elle est finie ».

A PROPOS DE L'INAUGURATION DES NOUVELLES SALLES

UNE VISITE AU MUSÉE DE L'ARMÉE, AUX INVALIDES

Dernière fonction, devenue essentielle, à apparaître aux Invalides, celle de musée. La IIIe République établit au cœur de l'Hôtel un grand ensemble patrimonial militaire, qui se constitue, au début du XXe siècle, en musée de l'Armée et n'a cessé depuis de se développer et d'accroître son emprise spatiale.

CHAPITRE 3

LE TEMPS DU MUSÉE

Cette coiffure d'apparat – une bourguignotte sommée d'une chimère – rapportée des Provinces-Unies par les armées de Pichegru en 1795, en même temps que la rondache (bouclier) qui lui est assortie, témoigne de la diffusion dans toute l'Europe des formules du maniérisme français à la fin du XVIe siècle. À gauche, en 1903, l'un des réfectoires aménagés en salle de musée. Un invalide à la jambe de bois veille sur les collections.

Aux sources du musée d'Artillerie

L'organisation du dépôt d'Artillerie (9 thermidor an III, 27 juillet 1795), contemporaine de celle du musée des Arts et Métiers et du Muséum d'histoire naturelle, s'inscrit dans le grand essor muséographique initié par la Révolution. À l'exemple du Muséum central des arts (le futur musée du Louvre), en projet depuis deux décennies, le comité d'Artillerie, organe dirigeant de cette arme, reprend les desseins antérieurs du maréchal d'Humières et du lieutenant général de Vallière, créateurs aux XVIIe et XVIIIe siècles de collections d'armes et de modèles réduits d'artillerie. L'intention initiale est de favoriser l'instruction des officiers d'artillerie.

Ces actions aboutissent, dans les premières années de la Révolution, au rassemblement dans l'ancien couvent des Feuillants, à proximité des Tuileries, d'un dépôt d'armes. À partir de 1797, l'ensemble des collections est transféré, non loin de là, dans l'ancien couvent dominicain de Saint-Thomas-d'Aquin, au faubourg Saint-Germain, à proximité de la rue du Bac.

Maquettes des places fortifiées du royaume, les plans en relief (ci-dessous, celui de Tournai) réalisés à l'instigation de Louvois par les équipes de Vauban sont un outil d'aide à la décision stratégique pour le roi et ses ministres. Installés un temps au Louvre, dans la Grande Galerie (ci-dessus), les plans en relief sont transférés aux Invalides dès 1776-1777. C'est là la première étape de la vocation patrimoniale de l'Hôtel.

Les saisies révolutionnaires

Une large part des objets collationnés provient des biens des émigrés (collections de Chantilly et dépôt de

’hôtel de Nesle…), leur rassemblement émane ainsi lu grand mouvement national qui, depuis les débuts le la Révolution, déplace en France de multiples objets d’art, certains relevant du domaine privé et d’autres anciennes d’institutions.

À cet égard, le destin des collections du Garde-Meuble royal est exemplaire puisque ses pièces sont parmi les plus importantes, sur le plan historique,

« Le Magazin royal des armes à Paris » correspond à l’immense arsenal installé dans un bâtiment annexe de la Bastille jusqu’au dernier quart du XVIIIe siècle. Traditionnellement, il accueillait les visiteurs étrangers importants, tels ceux présents au centre de la composition (ci-dessus) qui figurent vraisemblablement les émissaires de Phra Naraï, roi de Siam, en 1684.

du fond primitif du musée d’Artillerie, même si elles n’en représentent qu’une petite partie. À l’aube du 13 juillet 1789, la veille des prélèvements d’armes opérés aux Invalides, la foule envahit le Garde-Meuble, installé dans l’un des palais édifiés par Gabriel en bordure de la place Louis-XV (actuelle place de la Concorde) où se trouvent exposées au public et intégrées aux autres objets d’art les collections d’armes des rois de France. Avant sa dispersion, cet immense ensemble réunissait quelque 500 numéros, connus par les anciens inventaires de 1673 et 1775, dont un quart environ est aujourd’hui identifié comme de très

remarquables pièces : armures, armes blanches, de trait, armes orientales et principalement les armes à feu réunies par Louis XIII.

Sur la colline Sainte-Geneviève, après la sécularisation de l'abbaye, le cabinet de curiosités, institution réputée sous l'Ancien Régime, est saisi. Parmi les pièces remarquables figure la masse d'armes d'Henri II, chef-d'œuvre de l'art hispano-mauresque.

Le transfert des collections du château de Chantilly est également un événement de grande portée puisque le cabinet d'armes de l'ancienne demeure des Montmorency constitue l'une des très rares et exceptionnelles collections de ce type alors conservées en France. Le 28 juillet 1789, quelques jours seulement après le départ du prince de Condé, armes et armures sont remisées ; en avril 1792, les biens du prince émigré sont confisqués ; la commission des Monuments diligente plusieurs commissaires dont le naturaliste Lamarck et Bernardin de Saint-Pierre pour examiner entre autres « la salle d'armes » avant que son contenu ne prenne le chemin de la capitale. Les collections d'armes des familles de Lamarck et Turenne qui possédèrent successivement les châteaux de Bouillon et de Sedan, jouissaient anciennement d'un grand renom. Un rapport de Roland de Bellebrune en date du 22 vendémiaire an VII (13 octobre 1798) décide de leur transfert à Paris ; de ce fond provient l'« armure à Mars et à la Victoire ». Quant aux collections anciennes conservées à l'arsenal de Strasbourg, elles sont envoyées à Paris, vers la fin de l'année 1800. Strasbourg, qui sert alors également, et ce jusqu'à la Restauration, de plaque tournante, reçoit de Paris des directives successives pour accélérer les transferts d'armes anciennes vers le musée d'Artillerie.

Les prises de guerre

C'est à l'étranger, à la faveur des guerres successives qui opposent la France aux autres puissances européennes, que s'exerce avec plus de vigueur encore la politique de prélèvements décidée par les autorités révolutionnaires. Les directives concernent

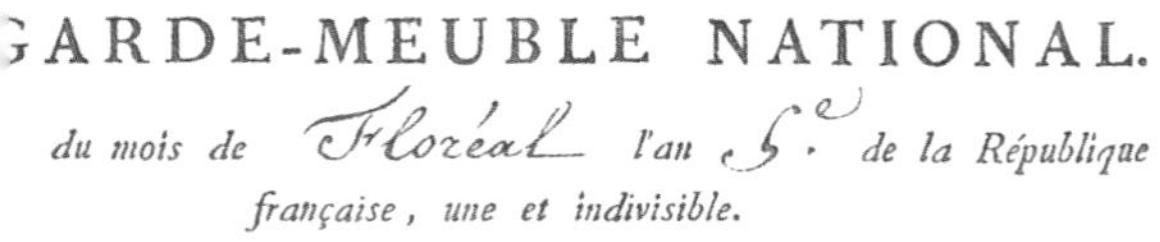
GARDE-MEUBLE NATIONAL.

du mois de Floréal *l'an* 5e *de la République française, une et indivisible.*

principalement les armes ayant une valeur artistique et une signification historique spécifique ou auxquelles s'attachent le souvenir d'illustres personnages, mais bien des pièces sont emportées pour l'intérêt technique qu'elles présentent; certaines le sont sur des initiatives privées et seront par la suite identifiées dans des collections de particuliers.

Ci-dessous, la masse d'armes du roi Henri II (1519-1559), saisie à l'abbaye de Sainte-Geneviève. Cette arme, peut-être réalisée par Diego de Caias à l'occasion du mariage du futur Henri II avec Catherine de Médicis en 1533, porte un décor inspiré de l'art hispano-mauresque.

Le 13 juillet 1789, le peuple de Paris envahit le Garde-Meuble royal (ci-dessous et détails en haut, à gauche) et s'empare notamment des armes à feu conservées dans les râteliers du grand escalier menant à la salle d'armes. Les documents du temps attestent la perte de la majorité de ces pièces réunies principalement par Louis XIII.

L'invasion de la République des Provinces-Unies par l'armée conduite par le général Pichegru en 1794-1795 a pour conséquence l'envoi à Paris, outre des célèbres éléphants du Stathouder, de pièces de collection, parmi lesquelles figure l'« ensemble à la Chimère » (rondache et bourguignotte d'apparat).

Sous le Consulat puis l'Empire, l'enrichissement des collections du musée d'Artillerie se poursuit, au fil des campagnes militaires. « Les triomphes de notre armée, précise un rapport adressé à l'Empereur en 1806, nous procurèrent une ample moisson de ces glorieux trophées [...]. Le château de Bouillon, le riche cabinet du duc de Deux-Ponts, celui du duc de Modène, l'arsenal de Berne, ceux de diverses villes d'Allemagne, le palais de Naples, la belle collection de Turin, vinrent augmenter nos richesses. » En 1800, le cabinet d'armes de Neubourg, dans le Palatinat, est ainsi entièrement évacué par les troupes de l'armée du Rhin, commandées par les généraux Éblé et Moreau; dans cet ensemble remarquable, aujourd'hui dispersé entre les grandes collections publiques européennes et américaines, figurent les armures des princes électeurs, dont celle d'Otton Henri (1502-1559).

Sur les bas-reliefs de la colonne Vendôme figure entre autres l'enlèvement par les troupes françaises des armures de l'arsenal de Vienne et celui des harnois, en particulier l'armure de François Ier, conservés au château d'Ambras. Ci-dessous, la scène relevée sur la colonne par Andrea Appiani.

À l'inverse des armureries et arsenaux précédents, les collections d'armures du château d'Ambras, près d'Innsbruck, offrent un intérêt historique évident pour les autorités françaises, qui, en 1806, ordonnent le rapatriement

les armures ayant appartenu aux souverains et capitaines français.

Le musée d'Artillerie accueille en outre la riche collection du général de Gribeauval, une série de modèles réduits de matériels (systèmes de campagne, de siège, de place et de côtes) mis au point suivant les projets du directeur général de l'Artillerie à la veille de la Révolution.

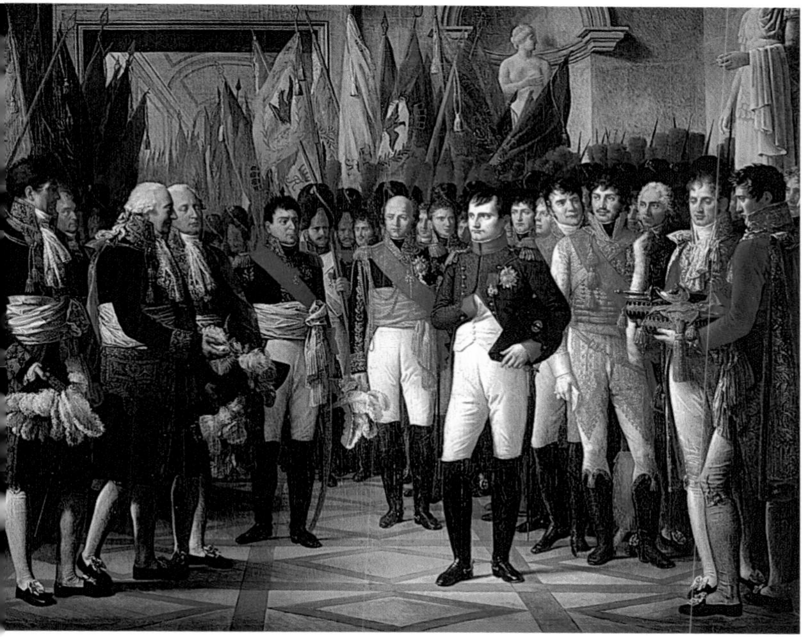

Les représentations de l'époque insistent sur l'importance symbolique des saisies de trophées lors des campagnes militaires victorieuses. Ainsi, le tableau de René Berthon (1808, ci-dessous) figure Napoléon, au palais royal de Berlin, le 19 novembre 1806, remettant à une députation du Sénat français les drapeaux pris aux Prussiens et l'épée de Frédéric II. Une assiette en porcelaine de Sèvres (détail, en haut, à gauche) illustre l'arrivée solennelle aux Invalides de ces trophées.

Le rapport de 1806 indique l'état des collections et le rôle dévolu aux pièces « ramenées » de l'étranger : « Cette riche et précieuse collection attire les regards des étrangers, donne des renseignements utiles aux officiers du corps impérial de l'artillerie [...] et offre au pinceau des artistes et aux rechercheurs des savanes. » Le rôle d'un « musée militaire » pédagogique est également souligné, tout comme la portée politique de « l'exposition publique » des trophées.

L'ornementation des armures restitue, dans le métal, le faste des costumes de cour, tout en assurant une réelle protection. L'armure de François Ier (à gauche), commandée par la cour d'Autriche en 1539 pour être offerte au souverain français, est l'œuvre de Jörg Seusenhofer, armurier d'Innsbruck et de Degen Pirger, graveur de la première moitié du XVIe siècle. Conservée dans les collections du château d'Ambras, elle fut rapportée à Paris à la demande de Napoléon Ier en 1806. Cette armure est un « Doppelküriss » constitué de « pièces de complément » permettant le montage de plusieurs harnois destinés à l'action militaire, aux joutes et aux tournois. L'« armure du dauphin » (ci-contre), issue des anciennes collections de la Couronne, a été réalisée par les Negroli, armuriers célèbres de Milan, entre 1536 et 1547 à l'usage du dauphin, Henri d'Orléans, futur Henri II. Elle présente, sur son décor, la répétition du monogramme et le rappel des « couleurs » du prince, « sable (noir) et argent ». On remarque la courbure du dos, conforme à ce que les chroniqueurs du temps nous apprennent de la morphologie du dauphin, athlétique mais un peu voûté.

1
2
IN BRACHIO SVO
3
4

5

Ces pièces fastueuses témoignent du goût des princes pour les armes de luxe. Remarquables, tant sur le plan technique qu'esthétique, elles portent souvent un décor symbolique à la gloire des souverains comme cette pertuisane (fig. 3), conçue par Jean Bérain en 1679, à l'occasion du mariage de Marie-Louise d'Orléans avec le roi Charles II d'Espagne. Surprenant accessoire guerrier, « le colletin de Louis XIII » (fig. 5, vers 1630) exalte par son décor la victoire du roi sur ses ennemis. Cette somptueuse pièce d'orfèvrerie provient du cabinet d'armes de la Couronne. L'épée de François Ier (fig. 2) a été réalisée avant 1515 – la lame est une réalisation antérieure due au fourbisseur italien P. A. Cataldo. Celle de Louis XIII (fig. 4) comporte une monture ornée de camées figurant les portraits des rois de France jusqu'à Henri IV. Du cabinet royal provient ce fusil à double platine à silex et à mèche (fig. 1), commande personnelle de Louis XIII à l'arquebusier parisien François Duclos, en 1636. Ci-contre (fig. 6), la rondache de l'« ensemble à la chimère » (fin du XVIe siècle).

Selon les sources anciennes, à la chute de l'Empire, en 1815, les armes les plus précieuses sont évacuées au-delà de la Loire; au mois de juillet, le musée reçoit la visite des vainqueurs de Waterloo, Blücher et Wellington, qui ordonnent l'enlèvement de trophées et de très nombreuses pièces. Des documents contresignés par le conservateur Edme Régnier attestent les prélèvements considérables opérés par les occupants; les archives du Zeughaus de Berlin confirment l'arrivée de 95 caisses de « butin pris à Paris »; celles de la Tour de Londres témoignent

également d'importantes saisies, principalement de matériels et d'armements portatifs, comme le prouvent les armes à feu provenant des anciennes collections du Garde-Meuble aujourd'hui encore conservées dans ces grands musées étrangers. Ces pertes importantes seront progressivement compensées par l'arrivée de nouveaux fonds, telle dans l'année 1818 la collection du général Éblé, en partie constituée à Naples.

❝Les armures rangées militairement le long des murailles semblent attendre le signal du départ [...]. Ils sont tous là, les gens d'armes et les chevaliers immobiles, roides; [...] on a beau se dire que ces formes étincelantes ne contiennent plus rien [...], l'imagination excitée s'échauffe et travaille, et l'on s'étonne qu'un appel d'olifant bien sonné, éclatant tout à coup au milieu du silence, ne vienne pas mettre en mouvement toute cette armée morte.❞

Théophile Gautier

Le Musée d'Artillerie

185

Le musée d'Artillerie de Saint-Thomas-d'Aquin

Dans le premier quart du XIXe siècle, le musée d'Artillerie, dirigé par le commandant Servois, s'organise et se déploie dans le cloître et les salles de l'ancien couvent des Dominicains, selon une scénographie qui restera inchangée jusqu'à sa fermeture en 1870.

Au nombre des institutions culturelles les plus fréquentées de la capitale, le musée n'en reste pas moins le réceptacle d'un important arsenal. Durant les journées de 1830, la foule l'assiège; les témoignages divergent sur le sort des collections, qui ne semblent guère avoir souffert en dépit d'allégations fallacieuses rapportant un « pillage complet » (Penguilly L'Haridon, 1863) puis la surprenante remise en place de l'ensemble des pièces le lendemain. Les relations du temps s'accordent pour saluer l'attitude héroïque du conservateur, M. de Carpegna. Cet ancien officier de l'armée piémontaise, qui à l'évidence s'applique à une certaine approche critique et scientifique des collections, définit ainsi, en 1833, les objectifs de l'établissement : « Il renferme pour ainsi dire les archives technologiques de la guerre, ce premier objet concerne la science et l'histoire militaire, le second objet est relatif aux arts mécaniques et aux beaux-arts, il fournit aux savants et aux artistes des renseignements qu'ils ne pouvaient se procurer ailleurs. » Quelques années plus tard, lors du « retour des Cendres », le musée reçoit du roi Louis-Philippe l'« épée d'Austerlitz », le chapeau porté par l'Empereur à Eylau, puis du roi Joseph en 1843, le collier de grand maître de l'ordre de la Légion d'honneur.

La ferveur napoléonienne, exprimée dès la chute de l'Empire, culmine lors du « retour des Cendres » en 1840. Parmi les souvenirs personnels de l'Empereur, le musée reçoit le collier de grand maître de l'ordre de la Légion d'honneur (ci-contre), réalisé par l'orfèvre Martin Guillaume Biennais pour le Premier consul, fondateur de l'ordre en 1802, et le chapeau porté par Napoléon à la bataille d'Eylau (ci-dessus), confectionné par les chapeliers Poupard et Delaunay, installés au Palais-Royal. Il est offert à Louis-Philippe en 1840.

Outre son rôle de conservatoire historique, technique et artistique, le musée d'Artillerie remplit une fonction didactique en présentant un panorama mondial de l'évolution de l'armement à travers les âges. Les différents directeurs de l'établissement s'emploient à enrichir dans ce sens les collections. Ainsi, le capitaine Louis Félicien Caignard de Saulcy, archéologue et membre de l'Institut, qui dirige le musée de 1841 à 1855, assure-t-il par des entrées nombreuses le développement de la section Préhistoire et Antiquité. Vers la même époque, le musée acquiert la collection du maréchal Oudinot, duc de Reggio, constituée, à l'exemple de celle du célèbre chirurgien Percy, lors des campagnes d'Allemagne et d'Italie. Octave Penguilly L'Haridon, polytechnicien, lieutenant-colonel, directeur du musée à partir de 1856, est l'un des premiers en France à s'adonner à une étude raisonnée des armes anciennes; il publie en 1863 le catalogue des collections du musée et en 1864 celui du cabinet des armes rassemblées par Napoléon III au château de Pierrefonds.

En 1852, lors de la création du musée des Souverains, organisé à l'initiative de Napoléon III dans les salles de la Colonnade du Louvre dans le but d'exalter les régimes monarchiques antérieurs, le musée se voit amputer d'importantes pièces royales notamment les armures et épées de François Ier, d'Henri II... « la partie la plus curieuse et la plus riche... », selon Penguilly L'Haridon (1862). En compensation, le musée reçoit de nombreuses pièces, dont certaines de grande qualité, conservées jusqu'alors à la Bibliothèque nationale et provenant des anciens dépôts révolutionnaires. Un décret du gouvernement provisoire, en date du 8 mai 1872, marquera la fin du musée des Souverains, ainsi que la dispersion et le retour de ses collections à leurs établissements d'origine.

Octave Penguilly L'Haridon, par ailleurs artiste peintre familier de Napoléon III, établit le premier catalogue « scientifique » des collections du musée d'Artillerie (ci-dessous, détail de la page de titre).

CATALOGUE
des Collections composant
LE
MUSÉE D'ARTILLE
PAR
O. PENGUILLY L'HARID

Cette bombarde-mortier en bronze compte parmi les pièces d'artillerie offertes à Napoléon III par le sultan ottoman Abdülaziz en 1862. Sans doute utilisée lors du siège de Rhodes, en 1522, elle porte le nom et les armoiries de son commanditaire, le cardinal d'Aubusson, grand maître de l'ordre hospitalier de Saint-Jean-de-Jérusalem.

C'est revêtu de cet habit militaire de parade (ci-dessous), aujourd'hui conservé au musée de l'Armée, que l'empereur Qianlong (1736-1796) a été portraituré (ci-contre) par le peintre jésuite Giuseppe Castiglione, passant ses troupes en revue.

En 1862, le musée, qui bénéficie du soutien le l'empereur, se voit remettre des pièces emarquables qui proviennent de la campagne de Chine (1860-1861); appartiennent à ce fonds des armes et souvenirs impériaux. La même année, conséquence de la « politique orientale » de Napoléon III et du congrès de Paris (1856), qui clôt la guerre de Crimée, également évoquée au musée, entre à Saint-Thomas-d'Aquin, grâce au don du sultan ottoman Abdülaziz, une suite remarquable de pièces d'artillerie anciennes réputées provenir du siège de Rhodes en 1522.

Le transfert des collections à l'hôtel des Invalides

En 1870, afin de prévenir tout prélèvement par l'envahisseur prussien, les collections du musée d'Artillerie sont mises en caisses et évacuées vers La Rochelle. Un an plus tard, elles regagnent la capitale, et sont rassemblées, non plus à Saint-Thomas-d'Aquin,

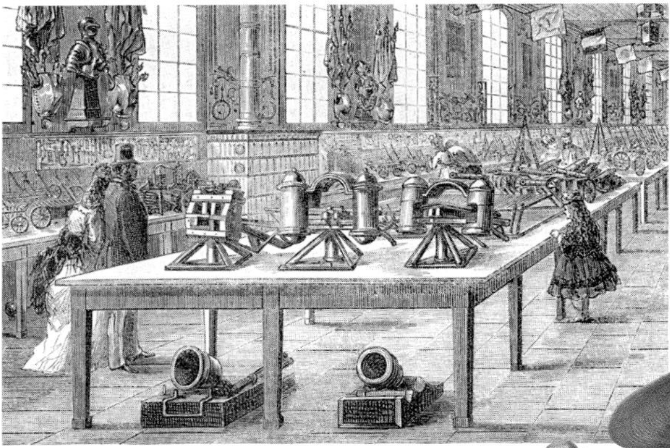

dont les locaux sont désormais trop exigus, mais aux Invalides. Le colonel L. Le Clerc, qui a mené l'opération, songe alors à constituer, à des fins éducatives, la synthèse, à l'échelle universelle, des collections qu'il vient d'inventorier et de classer. La réalisation de la galerie ethnographique et de celle des costumes de guerre procède d'une telle approche. Réalisée en 1876 par les ateliers du musée d'Artillerie, la « galerie des costumes de guerre » rassemble soixante-dix mannequins en grandeur dont l'objet, selon les termes mêmes de leur concepteur, est de présenter « l'histoire des armes depuis les époques primitives jusqu'à nos jours ». Cet étonnant travail archéologique dont subsistent des vestiges développe ainsi une suite de personnages en armes évoquant successivement « les époques préhistoriques »,

Le réfectoire François Ier (à gauche, vers 1876), aujourd'hui salle Royale, accueille temporairement les petits modèles d'artillerie. D'autres salles (à droite, la galerie ethnographique) sont consacrées aux costumes historiques et ethnographiques (ci-dessous, un mannequin de la galerie ethnographique figurant un guerrier sénégalais photographié vers 1900).

« les Grecs et les Romains », « la France historique », depuis un « soldat franc » jusqu'au « soldat de la République » à la fin du XVIIIe siècle.

Non moins inspirée par les théories évolutionnistes du temps, « la galerie ethnographique » (1877) réunit soixante-douze personnages figurant les principaux types de l'Océanie, de l'Amérique et des côtes de l'Asie et de l'Afrique; les physionomies des mannequins reproduisent fidèlement des modèles du Muséum d'histoire naturelle. Après le déclassement de la collection à la fin du siècle, les équipements et armements authentiques seront déposés au musée d'Ethnographie du Trocadéro en 1917 et 1932.

En 1880, un décret présidentiel affecte au musée d'Artillerie la collection d'armes et d'armures réunie par Napoléon III au château de Pierrefonds. Cet ensemble remarquable avait pour noyau principal l'ancienne collection du prince Soltykoff, acquise en 1861 et que complétèrent de très nombreuses entrées telles que celle des armures de la collection Belleval. Parmi les pièces les plus notables provenant de Pierrefonds, il faut mentionner les armures de joute de Maximilien Ier, la targe funéraire de Mathias Ier Corvin, l'épée de Gasparo Mola...

“En étudiant les différents peuples du globe à l'époque où nous vivons et en les comparant, nous trouverons comme une échelle des divers degrés par lesquels a dû passer un peuple aujourd'hui civilisé [...]. Nous aurons comme une synthèse des efforts tentés par l'homme de guerre [...]. Ce n'est toutefois pas l'heure d'aujourd'hui que nous choisirons pour ce travail, plusieurs contrées ont depuis changé d'aspect par suite de l'invasion européenne [...]. Nous nous placerons à une soixantaine d'années en arrière, à l'époque où nos célèbres navigateurs ont fait de si intéressantes découvertes.”

Musée d'Artillerie, galerie ethnographique, 1877

1

2

3

4

L'uniforme réglementaire apparaît en Europe dans la seconde moitié du XVIIe siècle, alors que les États se dotent d'armées permanentes structurées dont il importe d'identifier les composantes. Jusqu'au début du XXe siècle s'étend l'époque des beaux uniformes, vivement colorés, infiniment différenciés, pour le plus grand plaisir des princes, des foules et, aujourd'hui, des collectionneurs. Ci-contre, de gauche à droite, quelques-uns des fort nombreux uniformes conservés au musée de l'Armée : l'uniforme d'enfant de troupe des grenadiers de la garde impériale (fig. 1, vers 1862), confectionné pour le prince impérial (1856-1879), fils de Napoléon III ; un dolman (veste) et une pelisse de chasseur à cheval de la garde impériale (fig. 2, 1804-1815) ; un shako (coiffure), modèle réglementaire des quatre régiments de gardes d'honneur entre 1813 et 1815 (fig. 3). Ci-contre (fig. 4), un habit de grand uniforme en velours bleu brodé d'or arborant l'insigne de grand-aigle de la Légion d'honneur ayant appartenu au maréchal Lannes, duc de Montebello (1769-1809).

C'est à partir de 1881 que le colonel A. L. Robert (1825-1893) entreprend la rédaction d'un catalogue général des collections; ce monumental travail en cinq volumes publiés entre 1889 et 1902, complété d'un appendice du colonel Bernadac (1899), constitue un inventaire des collections encore utilisé aujourd'hui.

Le musée historique de l'Armée

En 1889, l'Exposition universelle ouvre ses portes à Paris. Pour l'armée française, c'est l'occasion de manifester auprès de l'opinion le renouveau militaire de la nation. Sur l'esplanade des Invalides, le « palais de la Guerre », un immense bâtiment de 16 000 m², présente des témoignages tangibles des nouveaux instruments de défense, des matériels de l'art militaire moderne, ainsi qu'une grande exposition rétrospective (section V, « Arts militaires ») consacrée à l'histoire de l'armée française. Cette manifestation inspirée par le sentiment patriotique, installée dans le pavillon central sommé de l'inscription « Aux anciennes armées françaises », est organisée par un groupe d'amateurs fervents mené par le peintre

"En même temps qu'elle retrace l'histoire de l'armée, l'Exposition rappelle individuellement la mémoire des grands capitaines qui ont illustré les armes françaises et fait la gloire militaire du pays [...] Chaque groupe de l'Exposition présente à côté des uniformes le portrait des officiers célèbres qui les ont portés pour la défense et l'honneur de la France. L'infanterie, la cavalerie, les armes spéciales, remontant ainsi au travers des siècles, évoquent pieusement la mémoire de leurs grands hommes."

Exposition universelle de 1889, rapport général, t. IX, 189[illegible]
[ci-dessus, la salle de l'infanterie

« militaire » Ernest Meissonier. Fort du succès remporté par l'exposition, le groupe fonde l'année suivante « la Sabretache », une association d'officiers, de collectionneurs et d'artistes dont l'objectif est la création d'un musée militaire rétrospectif.

C'est le 31 octobre 1896 qu'est signé par le président Félix Faure le décret établissant le musée historique de l'Armée. Chronologiquement, ses collections débutent en 1569, date de l'organisation des premiers régiments en France. Elles sont installées dans l'aile est de la cour d'honneur, face aux salles de l'ancien musée d'Artillerie, qui conservent les pièces d'armement et les souvenirs antérieurs au troisième quart du XVIe siècle. Dès le 12 juillet 1897, le ministre de la Guerre, le général Billot, le peintre Édouard Detaille et le général Vanson, directeur du musée, inaugurent les premières salles, où se déploient d'immenses collections d'uniformes et d'armements portatifs ; à l'extérieur, dans les cours, sont disposées des séries de pièces d'artillerie – les remarquables

EXPOSITION UNIVERSELLE

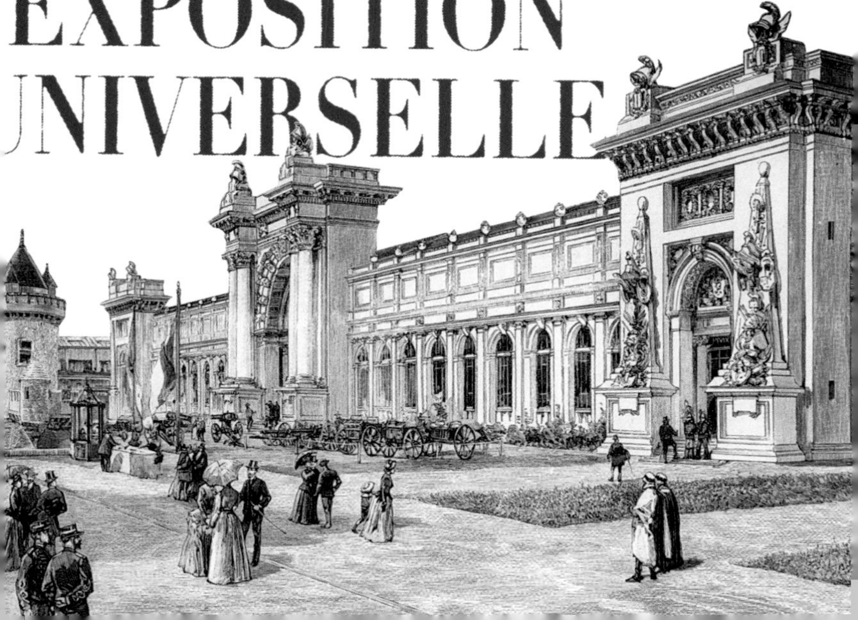

Spectaculaire et imposant, le « pavillon du ministère de la Guerre à l'Exposition universelle » de 1889 (ci-dessous) témoigne d'une volonté de rassurer l'orgueil national, meurtri après la défaite de 1870-1871, « l'Année terrible » (Victor Hugo). Il y parvient en joignant à l'hommage aux gloires militaires passées la représentation d'armements modernes qui prouvent le rapide relèvement de l'armée française et laissent espérer de futurs succès.

canons classiques. Elles s'ajoutent à la batterie Triomphale intégrant les « Douze Électeurs » – des bouches à feu fondues à Berlin en 1708 et prises à Vienne en 1805 –, installés devant la façade nord.

Le déclin de l'institution hospitalière

La vigoureuse affirmation de la vocation patrimoniale de l'Hôtel résulte, pour une large part, du net déclin d'une de ses missions originelles, l'accueil des anciens soldats, ce qui libère pour d'autres usages des surfaces considérables. L'évolution du nombre des pensionnaires donne la mesure de ce changement : l'établissement compte 3 375 invalides en 1863, un ordre de grandeur comparable à celui de l'Ancien Régime et qui correspond à une bonne utilisation de la capacité d'hébergement du site. Dès 1870, ils ne sont plus que 1 052, puis 488 en 1880, et 127 en 1900…

Au fil du XIXe siècle, la perception des pensionnaires des Invalides change, comme en témoigne la lithographie (en bas) : il s'agit moins d'insister sur la discipline militaire régnant dans l'Hôtel que d'observer, avec un mélange d'affection et d'amusement, d'anciens soldats dans leur maison de retraite.

Le développement des pensions militaires et, après 1870, l'absence de conflit armé en Europe impliquant la France expliquent cette tendance. En 1905, lors du vote de la loi de finances, il est décidé de ne plus admettre de pensionnaire. L'institution paraît condamnée à disparaître et compte moins d'une vingtaine de vieux soldats à la veille de la Grande Guerre. Pour autant, la thématique de l'invalide, témoin de la grandeur des armes françaises et chère

à la sensibilité patriote de l'époque, reste populaire, comme l'attestent notamment les sujets assez réguliers que lui consacre la presse à fort tirage.

Le titre de gouverneur des Invalides, qui rappelle trop clairement l'Ancien Régime, est abandonné après la chute du Second Empire, au profit de celui de commandant de l'établissement des Invalides. La juxtaposition d'autorités militaires de rang élevé (le gouvernement militaire de Paris y est installé à partir de 1897), mais exerçant des responsabilités fort différentes, accroît le prestige de l'Hôtel. Le parcours du général Niox illustre la complexité de la situation : commandant supérieur de la place et du camp retranché de Paris en 1901, il est nommé en 1902 commandant de l'hôtel national des Invalides. Dans ce cadre, il est chargé, en 1904, d'assurer la conservation des trophées et du tombeau de l'Empereur et devient de plus le premier directeur du musée de l'Armée, à la création de celui-ci en 1905. Ses attributions sont élargies une dernière fois quand, en 1911, il prend la direction effective de l'institution des Invalides. Il est d'ailleurs prévu que les pensionnaires dont l'état de santé le permet soient employés au gardiennage des salles du musée, assurant une sorte de continuité symbolique (dans les faits, ce projet de reconversion ne paraît pas avoir donné lieu à des développements très suivis).

Le passage à la photographie confère une dimension documentaire quasi ethnographique à ces images de la vie quotidienne à l'hôtel des Invalides (ci-dessus et double page suivante : le réfectoire, la cuisine, les dortoirs et les chambres, vers 1900). Ces hommes sont les derniers vestiges de l'ancienne armée, armée de métier, défaite en 1870. Une nouvelle armée, fondée sur la conscription (lois de 1889 et de 1905) et la formation des cadres, popularisant l'image des conscrits et des réservistes plutôt que celle des anciens soldats, est mise en place par la IIIe République.

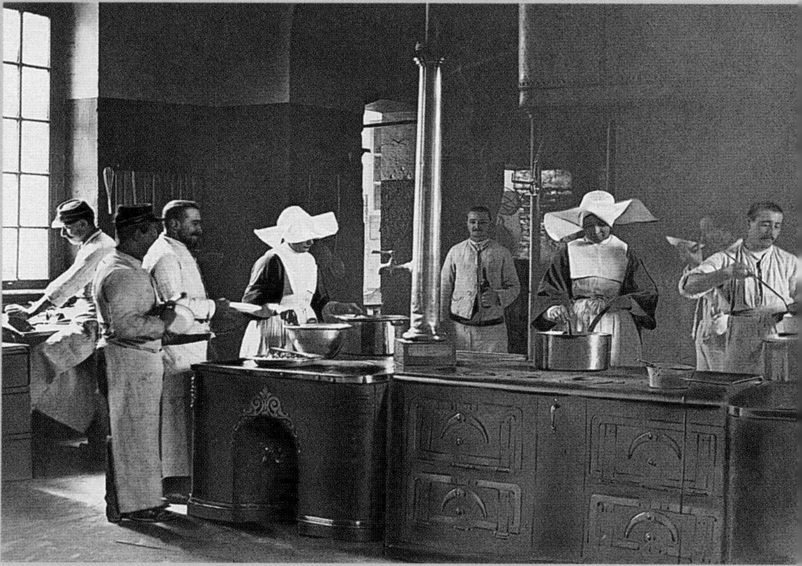

La création du musée de l'Armée

En 1905 et malgré les réticences marquées du comité d'Artillerie, gestionnaire du musée initial, est décidée la fusion entre le musée d'Artillerie et le musée historique de l'Armée pour donner naissance au musée de l'Armée; entreprise malaisée qui, sous la direction du général Niox, spécialiste réputé de géographie militaire, également éminent historien, vise à rassembler dans un programme cohérent des collections diverses, souvent éloignées dans le temps et l'espace. Près d'un siècle plus tard, les conservateurs, les historiens, les spécialistes réunis pour établir des projets de modernisation du musée seront confrontés à des difficultés d'organisation résultant de cette dualité originelle. Dès lors, la partie ouest de la cour d'honneur reste dévolue aux armures et armes anciennes, tandis qu'à l'est sont présentés dans les deux réfectoires du rez-de-chaussée et au premier étage les trophées de la Révolution et de l'Empire, les souvenirs des campagnes d'Algérie, de Crimée, d'Italie, du Mexique, le troisième étage étant consacré aux colonies.

En 1911, la statue en bronze de Napoléon (1833), par Charles Émile Seurre (1798-1858) – retirée du sommet de la colonne Vendôme en 1863 et mise en réserve – est placée en haut de la façade sud de la cour d'honneur. La IIIe République, stabilisée, honore en Napoléon un symbole de grandeur nationale.

La Grande Guerre et ses prolongements

Le musée de l'Armée est à l'écoute du conflit mondial, dès son déclenchement : les emblèmes pris à l'ennemi y sont exposés. Dans le même esprit, la cour d'honneur présente

Le général Gustave Léon Niox (1840-1921), premier directeur du musée de l'Armée (ci-dessous), a, par son dynamisme, beaucoup contribué au renforcement de la vocation patrimoniale de l'hôtel des Invalides. C'est sous sa direction que les anciens réfectoires de l'aile d'Orient (ci-dessous, à gauche, le réfectoire Henri IV en 1822, lors de la visite du duc d'Angoulême) perdent leur fonction initiale et sont aménagés en salles d'exposition : ci-contre, le réfectoire sud-est, rebaptisé salle Turenne, accueille désormais les drapeaux et étendards des régiments dissous après la Grande Guerre.

au public des matériels de guerre allemands. En outre, le général Niox diligente sur le front des missions de « peintres aux armées », dans un souci d'actualisation de la peinture militaire traditionnelle. Il doit conjointement s'adapter à l'évolution de l'institution, transformée en hôpital militaire et qui échappe à son administration directe en 1918 pour passer sous la tutelle du sous-secrétariat d'État au service de santé (puis, en 1920, sous celle du ministère des Pensions). À la fin des hostilités entrent dans les collections du musée les emblèmes des régiments dissous et, en 1923, s'ouvrent des salles spécifiques sur la Grande Guerre.

Parallèlement, l'enrichissement des fonds se poursuit à une large échelle : après la collection d'Ernest Meissonier (1891), et celle d'un autre artiste peintre, Albert Loustaunau (1898), est reçue en 1915, l'importante collection d'Édouard Detaille par le musée et exposée dans une salle où figurent également les habituelles compositions rétrospectives de l'artiste. Les fonds de la bibliothèque se sont considérablement accrus des ouvrages et estampes rassemblés par le général Vanson; en 1928 entre la collection du prince de la Moskowa, bientôt suivie de celle de Georges Ruffin (1934), moins adepte des souvenirs napoléoniens que des armes anciennes.

Dès la fin de l'année 1914, les « peintres aux armées » sont présents sur le front (ci-dessous un tableau de François Flameng, 1856-1923). Ils y découvrent la guerre de tranchées, si peu anticipée, qui se prolonge dans des conditions matérielles et morales éprouvantes pour les combattants.

Après une période de tâtonnements, le statut administratif du musée de l'Armée trouve son expression quasi définitive en 1931 : il est analogue à celui des grands musées nationaux et dote l'établissement de l'autonomie financière et de la personnalité civile (dès 1923, une loi autorise le prélèvement d'un droit d'entrée pour la visite des salles). La même année 1931 rattache le musée de l'Armée, à l'instar du service historique, à l'état-major de l'armée.

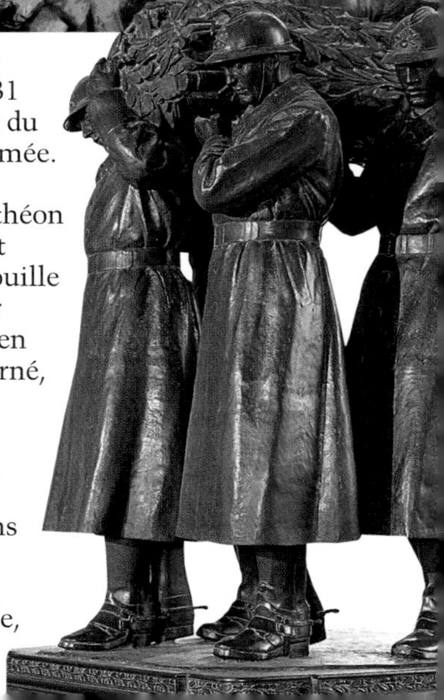

Parallèlement à la maturation de la fonction muséale, la dimension de panthéon militaire des Invalides s'amplifie. Il faut mentionner le cas particulier de la dépouille de Rouget de Lisle (1760-1836), l'auteur de *La Marseillaise*, placé aux Invalides en 1915, dans l'attente d'un transfert, ajourné, au Panthéon. Un seuil significatif est atteint avec la loi du 29 mars 1929, qui détermine les conditions d'inhumation dans l'Hôtel des principaux chefs de la Grande Guerre. La plupart reposent dans le caveau des gouverneurs : parmi eux, les maréchaux Maunoury, Fayolle, Franchet d'Esperey, les généraux Nivelle,

Lanrezac, Mangin, Roques, Guillaumat, l'amiral Boué de Lapeyrère... La même année a été érigé, dans une chapelle latérale de l'église des Soldats, un monument dédié aux officiers généraux morts en service durant le premier conflit mondial.

Le Dôme ne reste pas à l'écart du mouvement : à la mort du maréchal Foch (1851-1929), ancien généralissime des forces alliées de la Grande Guerre, il est décidé d'élever son tombeau dans l'ancienne église royale. Celui-ci, œuvre du sculpteur Paul Landowski (1875-1961), est achevé en 1937 (de 1929 à 1937 le corps du maréchal séjourne dans le caveau des gouverneurs), à l'intérieur de la chapelle Saint-Ambroise. Les cérémonies commémoratives aux Invalides se multiplient, certaines d'ampleur exceptionnelle, comme l'hommage collectif des maréchaux de France à l'Empereur, le 5 mai 1921, à l'occasion du centième anniversaire de la mort de Napoléon.

Pour maintenir le moral de l'arrière, le général Niox fait exposer dans la cour d'honneur de l'hôtel des Invalides (ci-dessous, en février 1915) les armes, les bouches à feu et même les aéroplanes pris aux Allemands.

Le tombeau de Foch (à gauche) figure des militaires français portant le corps du maréchal. L'ornementation symbolique du tombeau et du pavement de la chapelle est liée aux valeurs universalistes de la IIIe République. Le caractère national de l'armée française, représentée dans toute sa diversité, est nettement souligné.

La dimension patrimoniale des Invalides n'a cessé de se renforcer durant la seconde moitié du XXe siècle et le début du XXIe siècle, comme l'attestent les grandes entreprises successives de modernisation du musée de l'Armée. Cependant, les autres fonctions de l'Hôtel subsistent pour l'essentiel, tout en évoluant.

CHAPITRE 4

LES INVALIDES AUJOURD'HUI : L'HISTOIRE ET LA MÉMOIRE

En 1989, à l'occasion du bicentenaire de la Révolution française, le Dôme (à gauche) est restauré et redoré. L'évocation du général de Gaulle dans les salles modernisées du musée de l'Armée consacrées à la Seconde Guerre mondiale en fait le troisième acteur historique majeur présent aux Invalides, avec Louis XIV et Napoléon.

Le choc de la Seconde Guerre mondiale

En 1815, malgré de très importants prélèvements, le musée d'Artillerie avait pu éviter des mesures de rétorsion définitives des Alliés et, en 1870, l'ensemble des collections avait été évacué. Il en est tout autrement pour le musée de l'Armée en 1940 : dans Paris occupé, entre les mois de juin et de novembre, une commission constituée de spécialistes allemands et autrichiens, dirigée par le directeur du Zeughaus de Berlin, procède à l'inventaire des collections d'armes et d'armures saisies par les armées de la Révolution et de l'Empire dans les anciens États germaniques, soit une large partie des collections anciennes ; à ces pièces sont ajoutés des canons et des trophées. Ces prélèvements établis d'après des recherches historiques prétendument justificatives s'élèvent à environ 2 000 numéros destinés aux quatre grands musées militaires et d'armes anciennes de Berlin, Munich, Dresde et Vienne.

Il faut attendre la Libération pour que la commission placée sous la responsabilité du général Blanc (lequel deviendra directeur du musée de l'Armée) permette, en 1946, la restitution du plus grand nombre de ces pièces ; l'événement sera marqué par l'organisation d'une grande exposition intitulée « Le Retour de nos souvenirs militaires : les Français au-delà du Rhin » (1947).

Hitler, à Paris, le 23 juin 1940, devant le tombeau de Napoléon (ci-dessus). Il décide le transfert des cendres de l'Aiglon en décembre 1940, sans obtenir l'effet de propagande escompté. Sept ans plus tard, les Invalides (en haut, à droite, sur une affiche) célèbrent le retour des « souvenirs militaires » saisis par les Allemands durant l'Occupation, lors d'une grande exposition nationale.

Sur le plan mémoriel, l'occupant tente d'exploiter la veine napoléonienne : le 15 décembre 1940, les autorités nazies, pour conférer un lustre symbolique à la politique de collaboration, restituent à la France de Vichy le cercueil du roi de Rome, « Napoléon II » (élevé en Autriche comme duc de Reichstadt), qui est exposé sous le Dôme dans la chapelle Saint-Jérôme (puis inhumé en 1969 dans la cella, sous une dalle, au pied de la statue de Napoléon).

Les évolutions de l'après-guerre

La vocation de panthéon militaire national se renforce encore après 1945 : certains des grands chefs de la Seconde Guerre mondiale rejoignent aux Invalides leurs prédécesseurs de la Grande Guerre dans le caveau des gouverneurs, tels le général Leclerc de Hauteclocque (1902-1947) en 1947 et le maréchal Juin (1888-1967) en 1967.

Le 26 mai 1945, lors d'une prise d'armes dans la cour d'honneur des Invalides, le général de Gaulle remet au maréchal britannique Montgomery (1887-1976), l'un des grands chefs alliés, les insignes de grand'croix de la Légion d'honneur. De Gaulle, dans ses *Mémoires de Guerre*, compte l'Hôtel parmi les symboles essentiels de la continuité nationale : « Les Invalides, dôme étincelant encore de la gloire du Roi-Soleil, tombeau de Turenne, de Napoléon, de Foch ». Il a cependant fait le choix d'un autre lieu pour sa propre sépulture : Colombey-les-deux-Églises.

En 1961, année décisive de la décolonisation, de Gaulle décide de faire ramener, aux Invalides, la dépouille du maréchal Lyautey (1854-1934), ancien résident général de la France au Maroc (où il avait été inhumé). En 1963, le sculpteur Albert Laprade réalise le tombeau du maréchal, placé sous le Dôme dans la chapelle Saint-Grégoire. À l'exemple du monument funéraire de Foch, celui de Lyautey met en scène un registre symbolique assorti aux valeurs de l'universalisme républicain.

En 1989, le Dôme est restauré (ci-dessus, la réfection des couvertures, pour laquelle plus de 12 kilos d'or ont été nécessaires). La rénovation du réfectoire nord-ouest, devenu « salle Royale », a conduit, en 2005, à un vaste programme de restauration des peintures murales de Joseph Parrocel figurant des épisodes de la guerre de Hollande. Les travaux (ci-dessus, à gauche), menés par une équipe de restaurateurs durant plus d'un an, ont bénéficié du mécénat du groupe CIC.

Le renouveau des années 1960

L'effort principal, lancé au cours des années 1960, se porte sur la dimension architecturale de l'Hôtel et sur le musée de l'Armée. L'œuvre de mise en valeur et de dégagement de l'ensemble de l'Hôtel s'opère à partir de 1962 sous l'égide d'André Malraux et s'est poursuivie pendant plusieurs années. L'idée initiale de Hardouin-Mansart de cerner tout le quadrilatère des Invalides par de larges fossés, à l'exemple de ceux limitant au nord l'esplanade, a été reprise à l'ouest le long du boulevard de Latour-Maubourg et au sud, en bordure de l'avenue de Tourville. Le projet attribué au célèbre architecte d'édifier, à l'imitation de Saint-Pierre de Rome, les deux bras d'une colonnade complétant l'église du Dôme, est également étudié avant d'être finalement jugé irréalisable dans le contexte urbain contemporain.

Simultanément, sous l'impulsion résolue d'une nouvelle équipe de direction animée par le général

Davout d'Auerstaedt et les colonels Wemaere et Dugué Mac Carthy, le musée de l'Armée, qui bénéficie très largement de l'essor du tourisme, s'engage dans la voie de la modernisation. Progressivement, les salles d'armes sont rénovées, un « circuit historique » (milieu XVIIe - début XIXe siècle) est créé, des salles 1914-1918 et 1939-1945 sont organisées. Les collections s'enrichissent, grâce aux acquisitions majeures de la collection Pauilhac, en 1964, et de celle de Jean et Raoul Brunon, en 1967. Au cours des décennies suivantes, la modernisation du musée se poursuit avec la création de nouveaux espaces d'exposition (salle Orientale, 1977 ; salle des Emblèmes, 1980 ; salle du legs d'Ornano, 1985 ; galerie de l'Arsenal, 1987 ; salle Gribeauval, 1992) et l'organisation d'importantes expositions temporaires (« Le Tricentenaire de l'Hôtel des Invalides », 1974).

Georges Pauilhac, collectionneur érudit et membre du comité de perfectionnement du musée de l'Armée, avait constitué une immense et remarquable collection d'armes et d'armures antérieures à l'époque classique. En 1964, l'ensemble, dernière grande armurerie privée française, est acquis par l'État (ci-dessous, l'inauguration de l'exposition « Les plus belles pièces de la collection Pauilhac » par Pierre Messmer, ministre de la Défense), enrichissant ainsi les collections anciennes du musée de plus de 2 500 objets. L'achat de la collection Brunon, en 1967, constitue un autre succès de la politique patrimoniale du ministère de la Défense. Sur deux générations, la famille Brunon avait constitué un fonds très intéressant rassemblant des pièces militaires échelonnées entre le XVIIe et le XXe siècle.

L'hôtel des Invalides abrite aujourd'hui de nombreux organismes. Quatre institutions muséales liées, suivant des approches différentes, à l'histoire et à la mémoire militaires, occupent chacune une partie significative du site : le musée de l'Armée (de loin le plus étendu, au rez-de-chaussée et dans les étages, autour de la cour d'honneur, également affectataire du Dôme et de l'église des Soldats), le musée des Plans-Reliefs (sous les combles, autour de la cour d'honneur), le musée de l'Ordre de la Libération (depuis 1967, au sud-ouest), la BDIC-MHC (section iconographique de la bibliothèque de Documentation internationale contemporaine, puis musée d'Histoire contemporaine, installée dans l'Hôtel en 1973, au nord-est). Du côté du pouvoir d'État, on relève la présence, spatialement prégnante, du SGDN (Secrétariat général pour la défense nationale, à l'ouest) et du Gouvernement militaire de Paris, commandement de la région Terre Ile-de-France (au nord-est). Enfin l'Institution nationale des Invalides bénéficie d'une emprise importante (au sud-est et au sud-ouest, de part et d'autre du Dôme).

La visite au musée est une activité culturelle de première importance, qui est souvent l'occasion d'un rapprochement des générations (notamment entre grands-parents et petits-enfants). Le musée de l'Armée accueille en moyenne environ 200 000 jeunes par an. La salle d'exposition du musée de l'Armée, qui conclut le parcours consacré à la Seconde Guerre mondiale, est ici photographiée en 1998 – on y reconnaît les quatre signataires alliés de la capitulation allemande de mai 1945. Elle a, depuis, laissé place à un très vaste complexe muséographique moderne, ouvert en 2000.

Le musée de l'Armée du XXIe siècle : le projet ATHENA

La notion de « patrimoine militaire » recouvre aux Invalides un contenu très complexe puisqu'elle intègre les collections d'armures et d'armes anciennes mais aussi l'ensemble des *militaria*, emblématique, artillerie, drapeaux, uniformes et « souvenirs ». L'extrême richesse de ces fonds a conduit récemment à les répartir entre plusieurs grands « départements ».

Le projet ATHENA (arme/ technique/ histoire/ emblématique/ nation/ armée), en révisant les concepts des collections et en soulignant la nécessité du renforcement du lien armée-nation, s'est fixé pour objectif de moderniser le musée et de le faire évoluer vers un « musée de l'histoire militaire de la France ». Cette volonté s'est matérialisée par l'ouverture en juin 2000 de l'aile « Seconde Guerre mondiale - Général de Gaulle ». Le parcours suit une double logique narrative : l'évocation du destin de ces Français qui, autour du général de Gaulle, ont poursuivi la lutte contre l'Allemagne nazie après l'armistice de juin 1940, et le rappel des principales étapes du conflit et du rôle de la France.

La Salle royale, ancien réfectoire nord-ouest décoré par Parrocel (ci-contre), accueille depuis décembre 2005 les armures des rois de France et les armes provenant des anciennes collections royales.

La création de l'historial Charles de Gaulle (ci-dessous, une vue cavalière de la maquette réalisée par l'agence Moatti/Rivière) fut décidée en novembre 2004 par le Haut Conseil de la mémoire combattante présidé par le président de la République. Les travaux, lancés le 9 novembre 2005, ont pour objectif principal la réalisation d'une salle multi-écrans et d'espaces d'exposition situés sous la cour de la Victoire, à l'est de l'édifice.

L'autre grande opération de rénovation a concerné la réinstallation (décembre 2005) du département ancien – armes et armures –, qui présente à l'échelle de l'Europe les pièces antérieures à la fin de la guerre de Trente Ans. Ce circuit historique « de Saint Louis à Louis XIII » (XIIIe siècle-milieu du XVIIe siècle) est scandé en plusieurs séquences : médiévale, caractérisée par l'homogénéité des armements depuis la Méditerranée jusqu'à la Baltique, l'apparition de l'armure de plates, le développement de l'artillerie à poudre ; le XVIe siècle avec les guerres d'Italie (épée de François Ier), la lutte contre le Saint Empire (pistolet de Charles Quint), les guerres de Religion (armures des ducs de Mayenne et de Guise), le cabinet Turc ; la guerre dans la première partie du XVIIe siècle. Dans les espaces thématiques, les armures des rois de France et les collections de la Couronne, remarquable ensemble de chefs-d'œuvre, sont présentées dans le cadre rénové du réfectoire nord-ouest. Le second réfectoire rassemble les harnois et les armements portatifs issus des grands ateliers italiens, germaniques et français. Réalisation antérieure (1987) intégrée dans le nouveau circuit, la galerie de l'Arsenal (près de 3 000 pièces) développe le concept original de « réserve

visible ». D'autres espaces accueillent les collections d'armures de joute et de tournoi ainsi que les armes de chasse et les cabinets orientaux.

Les salles qui couvrent la période allant de 1871 à 1939, achevées en 2006, complètent les salles 1939-1945, avec lesquelles elles forment un ensemble mettant en perspective les deux guerres mondiales. La dimension mémorielle, si prégnante dans les années de l'entre-deux-guerres, s'efface devant le souci d'explication historique (d'où la présence, parmi les collections d'armes, d'uniformes, et de décorations d'objets contextuels : affiches, photographies, maquettes, etc.). Enfin, avec le partenariat de la Fondation Charles de Gaulle, l'« historial Charles de Gaulle » doit offrir, grâce à des moyens audiovisuels, une présentation globale de l'action de l'homme du 18 Juin et du fondateur de la Ve République.

Jacques Chirac, protecteur de l'Hôtel en tant que président de la République, salue les pensionnaires de l'INI. Ci-dessous, l'hommage national rendu en 2004 aux 9 militaires français morts en Côte-d'Ivoire.

Les Invalides aujourd'hui

Plus de trois siècles après la fondation de l'Hôtel, et c'est l'une de ses originalités, la plupart de ses

fonctions d'origine demeurent, non sans avoir connu des transformations et certaines adjonctions. L'Institution nationale des Invalides (INI) comprend une maison de retraite pour grands invalides de guerre (environ une centaine de pensionnaires) et un centre médico-chirurgical très performant (modernisé à deux reprises, en 1955, puis à partir de 1975). La vocation confessionnelle se prolonge : l'église des Soldats, longtemps siège du vicariat général aux armées, est érigée, en 1986, en cathédrale du diocèse aux armées françaises.

L'Hôtel est le siège d'activités multiples, journées d'études, conférences, colloques, représentations théâtrales, concerts (ci-dessus, lors de la Fête de la musique, en 2006) en liaison notamment avec les missions scientifiques et culturelles du musée de l'Armée et l'animation du monument. La fonction mémorielle des Invalides n'en est pas affectée, elle s'étend même parfois vers la périphérie des bâtiments : a ainsi été inaugurée, en 1998, au sud-ouest, près du jardin de l'Intendant, une fontaine sculptée honorant le souvenir des victimes du terrorisme.

Le pouvoir d'État, dans sa composante militaire, est représenté à un niveau élevé : le gouverneur militaire de Paris réside aux Invalides. Des cérémonies officielles se déroulent régulièrement (prises d'armes dans la cour d'honneur, funérailles) en présence des plus hautes autorités de la République. En 1981, François Mitterrand a même envisagé le transfert de la présidence de la République de l'Élysée aux Invalides, mais y a renoncé pour des questions de coût. Les murs de la galerie supérieure de la cour d'honneur accueillent de nombreuses plaques commémoratives liées à des conflits impliquant les armées françaises au XIXe et au XXe siècle. Le panthéon militaire continue à s'accroître, comme en témoigne l'entrée, en 1992, dans le caveau des gouverneurs, du fameux chirurgien des armées napoléoniennes, Dominique Larrey.

Quant à la dimension patrimoniale, elle est devenue capitale sur un site qu'elle vivifie de la visite de nombreux touristes français et étrangers : plus d'un million de personnes découvrent ainsi annuellement le musée de l'Armée, ses immenses et prestigieuses collections, fleuron du patrimoine de la défense nationale, haut lieu de mémoire en harmonie avec le cadre monumental de l'Hôtel.

TÉMOIGNAGES ET DOCUMENTS

Portraits d'invalides

De la sécheresse administrative des registres d'admission aux Invalides sous l'Ancien Régime au reportage humoristique du milieu du XIXe siècle en passant par les réflexions des philosophes des Lumières, la figure des anciens soldats n'a cessé d'intéresser, de recevoir des éclairages variés qui témoignent autant des évolutions de leur sort que de celles des appréciations portées sur eux.

« Militaires reçus à l'Hôtel des Invalides »

Quelques extraits de registres (on a conservé l'orthographe du temps) illustrent la diversité d'origine des anciens soldats tout autant que leur commune détresse.

Du 2 juin 1695
Nicolas Moreau dit St Martin, âgé de 33 ans. Natif d'Ivetot en Normandie, Cavalier du Sieur de Lignon, Regiment de St Simon, ou il dit avoir servi 3 ans, est estropié de la main gauche d'un coup de sabre quil receutt par les housarts l'année dernière étant au fourage à quatre lieües de Landau, joint à plusieurs autre blessures quil receut au mesme tems le mettent hors de service, marié en son pays, menuisier de son mestier, porteur d'un ordre de Monseigneur le Marquis de Barbesieux pour estre admis en cet hôtel, et est catôlique
- Cavallier

Du 16 juin 1695
Daniel Souterlan Escossois, âgé de 42 ans, natif de Owick en Escosse, sergent de la Compagnie du Sieur Edoüard Dilon, Régiment de Dilon, ou il dit avoir servi 6 ans, auparavant avoit servi 14 ans dans le Regiment de Greder alemand, et 3 ans dans celuy de Douglas, à eu la Jambe gauche coupée ensuite d'un coup de canon quil receut au siege de Rose en Catalogne, est calviniste et promet de se faire catôlique
- Sergent
- Le 2e aoust 1695. Il a fait abjuration de son heresie dans l'église de St Louis de cet hôtel
- Le 22 fevrier 1704. Il est décedé

Du 14 novembre 1697
Henry Martin dit La Grandeur, âgé de 30 ans, natif de St Jean de Seibe dioceze d'Usez, soldat du Sieur de Rives, Regiment de foix, ou il a servi 15 ans, ainsi que porte son certificat, est estropié du pied droit d'un coup de fusil quil receut au siege de Charleroy, et est Calviniste
- Soldat
- Jusqu'a guerison pour deux moys
- Le six decembre 1697. Il à esté chassé de cet Hôtel par ordre de monseigneur le Marquis de Barbesieux pour n'avoir pas voulu abjurer son heresie estant fort obstiné huguenot

Du 12 décembre 1697
Martin Chipot dit St Hylaire, âgé de

3 ans. Natif de Conflans Ste Honorine
ez Pontoise, soldat du Sieur de
aillette, Regiment de la Sarre, ou il à
rvi 14 ans, et auparavant 24 ans dans
ormandie, ainsi que porte son certificat,
st estropié du bras gauche d'un coup
e mousquet quil reçeut, à l'espaule
la bataille de Staffarde joint à ce qu'il a
erdu l'œil gauche le met hors de service.
ailleur de pierre de son mestier, et est
atôlique
Soldat

u 16 mars 1703
rançois Abraham, dit Parisien, âgé de 26
ns. Natif de Paris, soldat de la colonnelle
u Regiment d'Artois, ou il dit avoir servi
n an, est estropié de la jambe gauche
'un coup de mousquet quil receut au
ège de Keyserswaërt, marié à Paris,
t est catôlique
Soldat
Le 5 fevrier 1707. Il a dezerté de la
naison, a vollé deux garnitures de linge a
es camarades de chambrée, et emporté la
lef de sa chambre et celle de son armoire

)u 4 mars 1704
braham Ruffenback, dit Colmar,
gé de 28 ans. Natif de Colmar en Alsace,
ragon du Sieur de Pujet, Regiment de
'omboisard, ou il dit avoir servi 2 ans, à eu
e bras gauche coupé ensuite d'un coup
e fusil qu'il receut devant Hazelack au
assage de Monsieur de Villars en Baviere,
st Lutherien et promet se faire catôlique
Cava.er
Le 30 avril 1704, Il à fait abjuration de
'herzie de Luther dans l'eglise st Louis
e cet Hôtel
Le 28 fevrier 1724. Abraham
Ruffenback dit Colmar ayant dezerté
e 12 du mois de decembre de l'année
erniere de la Compagnie du Sieur Cara
u Detachement en garnison au fort de
'Écluze, Monsieur le Gouverneur en
ayant eu avis par une lettre du 30 du
d. mois de decembre a bien voulu luy
donner repy Jusqu'a la fin de fevrier
de cette année pour luy donner lieu de
revenir a la Compagnie, ce quil n'a pas
fait, C'est pourquoy Il a esté denoncé
dezerteur le d. Jour 28 fevrier 1724

Du 10 juillet 1705
Pierre Balmier, dit Toulouse, agé de
28 ans, natif d'Uzez en Languedoc, Soldat
du Sieur de Farcy, Lieutenant Colonel
du Regiment d'Antragnes, ou il dit avoir
servi 18 mois, est estropié du bras gauche
d'un coup de fusil qu'il receut étant
en sentinelle a la Redoute de Spaar
aux lignes d'Anvers il y à environ 3 moys
ce qui le met hors de service, bonnetier
de son métier, il est Calviniste et promet
de se faire catôlique
- Soldat
- Le 20 aoust 1705, Il a fait abjuration
de l'heresie de Calvin dans l'eglise de St
Louis de cet Hôtel
- Le 17 septembre au dit an 1705. Il est
rentré au service dans la Compagnie du
Sieur de Kerpont, Regiment d'Infanterie
de Roussille

Du 27 janvier 1713
Abraham Le Roux âgé de 75 ans, natif
de Sidera Copza, province d'arabie,
Lieutenant de la Compagnie du Sieur de
Plumart, Regim.t de Nuaillé, ou il a servi
12 ans tant en cette qualité que de souz
lieutenant et de sergent, auparavant
14 ans de sergent dans Bassigny, 10 ans
de soldat dans La Couronne et 18 ans
dans Montegùt, Sablé et Carcado, son
grand âge et Infirmitez le mettent
hors de service, porteur d'un ordre de
Monseigneur Voysin pour estre reçeu
pourveu quil ait les qualitez requises,
marié à Paris, est catôlique
- Sergent seulement
- Le 17 decembre 1730. Il est decedé

Du 1 juin 1714
Jacques Troüilly dit Parisien, agé de 32 ans. Natif de Genevilliers dioceze de Paris, soldat de la Colonnelle du Regiment Royal Artillerie ou il dit avoir servi 4 ans et auparavant 6 ans dans Deflandes, est estropié du pied gauche d'un coup de fusil quil receut au siege de fribourg, menuisier de son mestier, et est catôlique
- Soldat
- Le 16 janvier 1723. il a eté conduit a Bicestre pour un an par ordre de Monseigneur Le Blanc pour avoir contrefait un billet de sortie de tous les jours
- Depuis le 15 janvier 1724. Il est de retour de Bicestre
- Le 4 mars 1724. Il est decedé

« Le lieu le plus respectable de la Terre »

Cinquante ans après la création des Invalides, Montesquieu semble pressentir la future vocation civique, patriotique et mémorielle de l'Hôtel.

Je fus hier aux Invalides. J'aimerais autant avoir fait cet établissement, si j'étais prince, que d'avoir gagné trois batailles : on y trouve partout la main d'un grand monarque. Je crois que c'est le lieu le plus respectable de la Terre.

Quel spectacle de voir rassemblées dans un même lieu toutes ces victimes de la Patrie, qui ne respirent que pour la défendre, et qui se sentant le même cœur et non pas la même force, ne se plaignent que de l'impuissance où elles sont de se sacrifier encore pour elle !

Quoi de plus admirable que de voir ces guerriers débiles, dans cette retraite, observer une discipline aussi exacte que s'ils y étaient contraints par la présence d'un ennemi, chercher leur dernière satisfaction dans cette image de la guerre, et partager leur cœur et leur esprit entre les devoirs de la religion et ceux de l'art militaire !

Je voudrais que les noms de ceux qui meurent pour la Patrie fussent conservés dans les temples, et écrits dans des registres qui fussent comme la source de la gloire et de la noblesse.

Montesquieu
Lettres persanes, LXXXIV
1721, édition de 1758

Un promeneur solitaire aux Invalides

Vieilli, las, se jugeant persécuté par la haine de ses ennemis, Rousseau manifeste son estime pour les invalides dont il prise les vertus, même lorsqu'ils lui sont hostiles.

Ce bel établissement m'a toujours intéressé. Je ne vois jamais sans attendrissement et vénération ces groupes de bons vieillards qui peuvent dire comme ceux de Lacédémone :

Nous avons été jadis
Jeunes, vaillants et hardis.

Une de mes promenades favorites était autour de l'École Militaire et je rencontrais avec plaisir çà et là quelques invalides qui, ayant conservé l'ancienne honnêteté militaire, me saluaient en passant. Ce salut que mon cœur leur rendait au centuple me flattait et augmentait le plaisir que j'avais à les voir. Comme je ne sais rien cacher de ce qui me touche, je parlais souvent des invalides et de la façon dont leur aspect m'affectait. Il n'en fallut pas davantage. Au bout de quelque temps je m'aperçus que je n'étais plus un inconnu pour eux, ou plutôt que je le leur étais bien davantage puisqu'ils me voyaient du même œil que fait le public. Plus d'honnêteté, plus de salutations. Un air repoussant, un regard farouche avaient succédé à leur première urbanité. L'ancienne franchise de leur métier ne leur laissant pas comme aux autres couvrir leur animosité d'un masque ricaneur et traître, ils me montrent tout ouvertement la plus violente haine, et tel est l'excès de ma misère que je suis forcé de distinguer dans mon estime ceux qui me déguisent le moins leur fureur.

Depuis lors je me promène avec moins de plaisir du côté des Invalides ; cependant, comme mes sentiments pour eux ne dépendent pas des leurs pour moi, je ne vois toujours point sans respect et sans intérêt ces anciens défenseurs de leur patrie : mais il m'est bien dur de me voir si mal payé de leur part de la justice que je leur rends. Quand par hasard j'en rencontre quelqu'un qui a échappé aux instructions communes, ou qui ne connaissant pas ma figure ne me montre aucune aversion, l'honnête salutation de ce seul-là me dédommage du maintien rébarbatif des autres. Je les oublie pour ne m'occuper que de lui, et je m'imagine qu'il a une de ces âmes comme la mienne où la haine ne saurait pénétrer.

Jean-Jacques Rousseau,
Les Rêveries du Promeneur solitaire,
Neuvième promenade, 1782

« Feuillets vivants de notre histoire nationale »

Légèrement moqueuses, ces esquisses ne sont pas moins empreintes d'une réelle sympathie pour les anciens soldats des glorieuses armées de la Révolution et de l'Empire.

Mon cher Lorentz,

J'ai visité plusieurs fois l'hôtel dont vous n'avez pu franchir le seuil, et je vous envoie le résultat de mes investigations. […] L'on m'avait adressé à M. Teller, vénérable invalide de quatre-vingt-un ans, dont Henri Monnier a si fidèlement reproduit les traits. En arrivant dans la cour de l'hôtel, je vis se découper sur le mur un vieillard courbé, assez semblable de loin à une virgule peinte en bleu sur une enseigne. Je l'abordai, le chapeau à la main, et lui demandai s'il connaissait M. Teller.

« Plaît-il, Monsieur ?

– M. Teller, ex-trompette-major du régiment des dragons Dauphin.

– Je ne vous entends pas, Monsieur. »

Je répétai ma phrase en grossissant ma voix.

« Je ne vous entends pas, Monsieur. »

En effet je m'étais adressé à un interlocuteur incapable de me répondre. Une blessure l'avait privé de ce sens dont certains orateurs nous font si cruellement expier la possession. Il m'expliqua comment, depuis la bataille de Friedland, il avait l'oreille *un peu dure*, façon euphémique d'établir qu'il était parfaitement sourd. Je m'éloignai donc, et pénétrai dans un labyrinthe de corridors, remarquant chemin faisant que tous portaient des noms de villes, et lisant sur des murs en lettres majuscules : CORRIDOR DU HAVRE, CORRIDOR DE PERPIGNAN, CORRIDOR DE HONFLEUR, etc. Sans chercher à me rendre compte de ces dénominations géographiques, je poursuivis ma course aventureuse, et parvins à un chauffoir où j'entrai sans façon. Le lieu était sombre, l'atmosphère chaude, l'air peu embaumé. Au bruit qui se faisait, je compris qu'on parlait bataille et qu'on visait à l'onomatopée. Je m'approchai d'une table, autour de laquelle plusieurs invalides jouaient aux dominos.

« Monsieur, dis-je à l'un des joueurs, pourriez-vous m'indiquer M. Teller, ex-trompette-major du régiment des dragons Dauphin ?

– Plaît-il, Monsieur ? »

Je réitérai ma question, et cette fois je fus entendu.

« Je ne le connais pas, Monsieur. Il faut vous adresser au bureau du mouvement.

– Auriez-vous la bonté de m'y conduire ? »

Le joueur de dominos leva vers moi la tête avec surprise ; il était aveugle. J'étais au milieu d'aveugles qui, remplaçant par le toucher l'organe absent, faisaient des parties de dominos, et même de cartes avec une inconcevable dextérité. [...]

Je revins le lendemain à midi. La garde montante défilait dans la grande cour sous les yeux d'un adjudant-major. Il y avait là une centaine d'amputés à figure martiale, qu'on semblait avoir choisis parmi les plus mutilés. La plupart étaient dans l'impossibilité absolue d'obéir au commandement d'*arme-bras* ou de *partir du pied gauche ou du pied droit*, et le *tapin* qui tambourinait en tête de l'escouade était seul intact et complet. [...]

Les soldats invalides habitant l'hôtel sont au nombre de trois mille répartis en quatorze divisions, soldats de tous les corps, de tous les régiments, assemblage d'éléments hétérogènes unis par une communauté de vieillesse et d'infirmités. Chaque bataille a ses représentants. L'un a perdu le bras à Aboukir, l'autre a eu l'épaule entamée à Hanau par un hussard bavarois. Celui-ci a laissé un œil en Autriche, et une jambe en Espagne ; celui-là est demeuré sanglant et mutilé sur le champ de bataille d'Iéna. Ce mulâtre au teint jaune était de la compagnie des guides du général Moreau. Cet Arabe à face basanée, partisan semi-volontaire des nouveaux maîtres de l'Algérie, a contribué à la prise de Constantine. Tous ces braves gens sont autant de feuillets vivants de notre histoire nationale, autant de médailles humaines où sont gravés nos triomphes ; ce sont les *victoires et conquêtes* en chair et en os.

Tous les gouvernements ont fourni leur contingent d'invalides. De là, plusieurs physionomies distinctes, aussi tranchées que les systèmes politiques dont elles sont une incarnation partielle. [...]

L'invalide de Louis XVI a fait la guerre de Hanovre, avant 1783 ; mais, depuis cette époque, il a servi la Convention, le Consulat, l'Empire, la Restauration, avec la même indifférence et la même fidélité passive. Tant de révolutions se sont succédé sous ses yeux, qu'il n'a plus de foi qu'en lui-même ; cette croyance est celle de bien d'autres. On assure qu'un noble sang coule dans ses veines ; car il est convenu que le même sang ne coule pas dans les veines de tous les hommes. [...] Quoi qu'il en soit, il a tous les défauts et toutes les qualités d'un gentilhomme. Il est poli avec prétention, galant avec afféterie, coquet avec recherche. Il montre une mansuétude qui n'est point de la bonté, une bonté qui n'est point de la bienveillance. Son embonpoint et sa fraîcheur d'octogénaire témoignent des bons effets de la cuisine de l'hôtel, à laquelle sa gastronomie ajoute, de temps à autre, une truite, un homard ou des truffes. Il s'est longtemps enorgueilli d'une croix de Saint-Louis, dont Louis XVIII l'avait décoré ; mais, depuis 1830, il met à la dissimuler autant de soin qu'il en mettait jadis à la faire voir.

Sans lui tenir compte de cette renonciation volontaire, le troupier de la république lui adapte l'épithète d'aristocrate. Celui-ci assistait au siège de Bréda, et faisait partie du détachement de cavalerie qui, en l'an III, s'empara de la flotte hollandaise retenue dans le Texel par les glaces. Il a été réformé dès 1804, mais sa dernière blessure date de 1814 ; il l'a reçue au siège de Paris. Il a horreur des prêtres, et ne voit pas sa sœur, sa seule parente, gouvernante à la Visitation, parce que, dit-il, elle est *de la calotte*. Son puritanisme n'a jamais pu s'accoutumer à accoler au nom des rues la qualification de saints ; il dit la rue Dominique, le faubourg Honoré, et même la rue Roch, ce qui n'est guère euphonique. Il regrette Hoche et Kléber, et persiste à désigner Napoléon sous le titre de général Buonaparte.

« Buonaparte ! s'écrie à ce sujet l'invalide de la vieille garde, Buonaparte ! dites donc Napoléon, s'il vous plaît, autrement nous serions forcés de nous rafraîchir d'un coup de sabre, et ça deviendrait désagréable. Tonnerre ! c'était ça un homme ! tous vos généraux à cadenettes ne sont pas dignes de lui cirer ses bottes. Et dire que les Anglais !... mais, non, allez, il n'est pas mort ! ceux qui soutiennent qu'il est mort ne le connaissent pas ; il en est incapable. Dieu de Dieu ! s'il revenait... quel tremblement !... »

Ces paroles émanent d'un individu porteur d'une face balafrée, d'une pipe culottée, d'un pantalon bleu et de guêtres blanches ; on est en décembre. Ce soldat modèle, plié à toutes les exigences du service, à la discipline, aux fatigues, aux privations, est entré dans la garde à la formation, et en est sorti au licenciement. Son existence a commencé à Austerlitz et fini au Mont-Saint-Jean. La charge, la fusillade, l'Empereur galopant au milieu d'un nuage de poussière et de fumée, voilà toute sa vie ; avant et après, il n'y a rien. Il se croit encore de la vieille garde ; le ruban de sa croix est plié comme celui des soldats de la vieille garde, et il a soin de faire retaper ses chapeaux neufs dans le style vieille garde, par un de ses anciens camarades. En s'appuyant sur une pièce de canon aux armes d'Autriche, il s'imagine toujours être à Vienne. Le gouvernement de Napoléon est à ses yeux le seul grand, le seul légitime, le seul logique. [...]

Ce fanatisme pour l'Empereur est partagé par presque tous les invalides. Les ornements de l'hôtel ne consacrent guère que des faits antérieurs à la Révolution. Louis XIV y est partout ; sa statue équestre surmonte le portail principal ; les quatre nations vaincues par ses généraux se tordent aux angles de la façade ; les fresques des quatre réfectoires représentent les batailles gagnées par ses armées. Napoléon n'a pour lui qu'une épreuve en plâtre de la statue de la place Vendôme, et une peinture d'Ingres placée dans la bibliothèque. Mais si la mémoire de l'Empereur n'est point conservée en ces lieux par des monuments, elle est dans tous les cœurs, et cela vaut mieux.

Émile de la Bédollière,
« L'Invalide »,
Les Français peints par eux-mêmes, 1841

Le tombeau de l'Empereur

La méditation sur le tombeau de l'Empereur est presque toujours une invitation aux rêveries sur la grandeur de Napoléon, fort diverses selon les admirateurs (Hugo, Barrès, Bloy…). Les réfractaires (Tolstoï, Descaves), peu nombreux, se signalent par une commune et virulente inspiration antimilitariste. La fantaisie de Perec – le plus éloigné temporellement de l'Empereur – lui confère une place singulière.

Le retour des Cendres

[15 décembre 1840]

Le char de l'Empereur apparaît. Le soleil, voilé jusqu'à ce moment, reparaît en même temps. L'effet est prodigieux. […] Une immense rumeur enveloppe cette apparition. […]

Arrivé précisément en face de moi, je ne sais quel obstacle momentané se présente. Le char s'arrête. […]

Je puis le regarder à mon aise. L'ensemble a de la grandeur. C'est une énorme masse, dorée entièrement, dont les étages vont pyramidant au-dessus des quatre grosses roues dorées qui la portent. Sous le crêpe violet semé d'abeilles, qui le recouvre de haut en bas, on distingue d'assez beaux détails ; les aigles effarés du soubassement, les quatorze Victoires du couronnement portant sur une table d'or un simulacre de cercueil. Le vrai cercueil est invisible. On l'a déposé dans la cave du soubassement, ce qui diminue l'émotion.

C'est là le grave défaut de ce char. Il cache ce qu'on voudrait voir, ce que la France a réclamé, ce que le peuple attend, ce que tous les yeux cherchent, le cercueil de Napoléon.

Sur le faux sarcophage on a déposé les insignes de l'empereur, la couronne, l'épée, le sceptre et le manteau. Dans la gorge dorée qui sépare les Victoires du faîte des aigles du soubassement, on voit distinctement, malgré la dorure déjà à demi écaillée, les lignes de suture des planches de sapin. Autre défaut. Cet or n'est qu'en apparence. Sapin et carton-pierre, voilà la réalité. J'aurais voulu pour le char de l'empereur une magnificence qui fût sincère. […]

Le char s'est remis en marche ; les tambours battent aux champs ; le canon redouble. Napoléon est devant la grille des Invalides. […] Le char n'entre pas dans la cour des Invalides. La grille posée par Louis XIV serait trop basse. Il se détourne à droite ; on voit les marins entrer dans le soubassement et ressortir avec le cercueil, puis disparaître sous le porche élevé à l'entrée du palais. Ils sont dans la cour. C'est fini pour les spectateurs du dehors. Ils descendent à grand bruit et en toute hâte des estrades. […]

Il est certain que toute cette cérémonie a eu un singulier caractère d'escamotage. Le gouvernement semblait avoir peur du fantôme qu'il évoquait. On avait l'air tout à la fois de montrer et de cacher Napoléon. On a laissé dans l'ombre tout ce qui eût été trop grand ou trop touchant. On a dérobé le réel et le grandiose sous des enveloppes plus ou moins splendides, on a escamoté le cortège impérial dans le cortège militaire, on a escamoté l'armée dans la garde nationale, on a escamoté les chambres dans les Invalides, on a escamoté le cercueil dans le cénotaphe.

Il fallait au contraire prendre Napoléon franchement, s'en faire honneur, le traiter royalement et populairement en empereur, et alors on eût trouvé de la force, là où l'on a failli chanceler.

Victor Hugo, *Choses vues*, 1887

L'installation temporaire dans la chapelle Saint-Jérôme

[8 mai 1841]

Pour arriver à la chapelle où est Napoléon, on marche sur une mosaïque fleurdelysée. La foule, les femmes et les soldats se hâtaient. Je suis entré à pas lents dans l'église. [...]

Une grande archivolte avec une haute portière de drap violet assez chétif *imprimé* de grecques et de palmettes d'or ; au sommet de la portière, l'écusson impérial en bois peint ; à gauche, deux faisceaux de drapeaux tricolores surmontés d'aigles qui avaient l'air de coqs retouchés pour la circonstance ; des invalides décorés de la Légion d'honneur, la pique à la main ; la foule silencieuse et recueillie entrant sous la voûte ; au fond, à une profondeur de huit à dix pas, une grille de fer peinte en bronze ; sur la grille, qui est d'une ornementation lourde et molle, des têtes de lion, des N dorées qui ont l'air de clinquant appliqué, les armes de l'empire, la main de la justice et le sceptre surmonté d'une figurine de Charlemagne assis, la couronne en tête et le globe à la main ; au-delà de la grille, l'intérieur de la chapelle, je ne sais quoi d'auguste, de formidable et de saisissant, un lampadaire allumé, un grand aigle d'or, largement éployé, dont le ventre brillait d'un reflet de lampe funèbre et les ailes d'un reflet de soleil ; au-dessous de l'aigle, sous une vaste et éblouissante gerbe de drapeaux ennemis, le cercueil, dont on voyait les pieds d'ébène et les anneaux d'airain ; sur le cercueil, la grande couronne impériale pareille à celle de Charlemagne, le diadème de laurier d'or pareil à celui de César, le poêle de velours violet semé d'abeilles ; en avant du cercueil, sur une crédence, le chapeau de Sainte-Hélène et l'épée d'Eylau [...], tout autour, sur la muraille, une tenture de velours violet brodée d'abeilles et d'aigles ; tout en haut, à la naissance de la voûte, au-dessus de la lampe, de l'aigle, de la couronne, de l'épée et du cercueil, une fresque et, dans cette fresque, l'ange du jugement sonnant de la trompette sur saint Jérôme endormi, – voilà ce que j'ai vu d'un coup d'œil, et voilà ce qu'une minute a gravé dans ma mémoire pour toute ma vie.

Il y avait de la mesquinerie mêlée à cette grandeur. Cela était mesquin par le drap violet imprimé et non brodé, par le carton peint en pierre, par ce fer creux peint en bronze, par cet écusson de bois, par ces N de paillon, par ce cippe de toile badigeonné en granit, par ces aigles quasi-coqs. Cela était grand par le lieu, par l'homme, par ce chapeau, par cet aigle, par ces soldats, par ce peuple, par ce cercueil d'ébène, par ce rayon de soleil.

La foule était là comme devant un autel où le Dieu serait visible. Mais en sortant de la chapelle, après avoir fait cent pas, elle entrait voir la cuisine et la grande marmite. La foule est ainsi faite.

Victor Hugo, *Choses vues*, 1887

« Le tombeau de l'Empereur, carrefour de toutes les énergies »

Les cinq jeunes gens [...] se dirigèrent vers la chapelle majestueuse qui possède le cadavre du héros.

À l'ordinaire, le visiteur, soudain prenant conscience de son anonymat, s'intimide de l'écho que son pas sur ces dalles sonores éveille dans les vastes espaces du dôme funéraire. Mais ces jeunes pèlerins-ci ne s'imaginent pas troubler le repos de celui dont ils viennent solliciter la leçon exaltante, ils courent saluer l'Empereur qui s'achemine le long des siècles. Et tout ce bruit de leurs talons résonnant, c'est pour leurs nerfs frémissants un prolongement de cette formidable acclamation qui, jamais interrompue, montait des peuples massés sur le passage du héros et l'empêchait de dormir, tandis qu'il parcourait l'Europe dans sa berline de voyage.

Le tombeau de l'Empereur, pour des Français de vingt ans, ce n'est point le lieu de la paix, le philosophique fossé où un pauvre corps qui s'est tant agité se défait ; c'est le carrefour de toutes les énergies qu'on nomme audace, volonté, appétit. Depuis cent ans, l'imagination partout dispersée se concentre sur ce point. Comblez par la pensée cette crypte où du sublime est déposé ; nivelez l'histoire, supprimez Napoléon : vous anéantissez l'imagination condensée du siècle. On n'entend pas ici le silence des morts, mais une rumeur héroïque ; ce puits sous le dôme, c'est le clairon épique où tournoie le souffle dont toute la jeunesse a le poil hérissé.

Penchés sur ce puits où les architectes, qui désespéraient de lui dresser un trône suffisant, laissèrent s'enfoncer le trop lourd cadavre, les sept Lorrains, tous petits-fils des soldats de la grande armée, sentent leurs poitrines de jeunes mâles s'élargir, se gonfler amoureusement contre la balustrade de marbre, à vingt mètres de l'objet en qui ils reconnaissaient leur pareil, mais combien plus beau qu'eux-mêmes ! Ils s'enivrent de l'espoir de respirer, à travers le triple cercueil, des miasmes de mort qui seraient pour eux des ferments d'immortalité. [...]

On le voit bien, ce 5 mai 1884, que son contact encore a la puissance de grandir les âmes. Cette mystérieuse réunion présente les caractères d'une transfiguration. Ces enfants, tout à l'heure quelconques sur l'esplanade des Invalides, ont maintenant l'aspect d'une bande de jeunes tigres.

Maurice Barrès, *Les Déracinés*, 1897

« L'âme de Napoléon »

Un jour viendra, peut-être, où les reliques de Napoléon ne seront plus dans son admirable Tombeau des Invalides. On ouvrira le cercueil et il sera *vide*, l'apparence même de cette poussière n'ayant pu subsister après l'extinction du prestige qui l'environnait. Elle aura été rejoindre les poussières confuses et dispersées des humbles soldats qui se sacrifièrent pour leur Chef et de qui les âmes d'enfants amoureux se grouperont autour de la Sienne, au Jugement Universel, comme faisait, aux jours des grandes batailles d'autrefois, sa Garde invincible !

Léon Bloy,
L'Âme de Napoléon, 1912

« Déification d'un scélérat »

Levé tard. Allé à l'hôtel des Invalides. Déification d'un scélérat, effrayant. Les soldats, fauves dressés à mordre tout le monde. Il faut qu'ils meurent de faim. Jambes arrachées, c'est bien fait.

Tolstoï, *Journal*, 4-16 mars 1857, cité dans
Napoléon de l'histoire à la légende,
In Forma/Maisonneuve & Larose, 2000

« Voilà le mort qu'il faut qu'on tue, la légende à détruire, le culte à déraciner »

Rabouille et Mazoudier, cependant, accoudés sur la margelle du vaste puits creusé au-dessous du Dôme, songeaient. Au souvenir d'une lecture, le vieux relieur évoquait le Temple de Salomon, à Jérusalem, et près de ce Temple, le réservoir d'eau où, paraît-il, on plongeait, avant de les purifier, les animaux destinés aux sacrifices. l'église des Invalides était le Temple de Napoléon, et cette crypte béante, la piscine probatique où les serviteurs d'une religion atroce lavaient le bétail militaire marqué pour l'abattoir. Debout dans leur peignoir de bain, douze prêtresses du dieu attendaient leurs victimes pour les immerger, et l'on voyait, suspendus à des bâtons, sécher quelques linges où s'étaient essuyées la main de justice et l'épée que portaient, sur un coussin, deux sacrificatrices. Enfin les mosaïques elles-mêmes rappelaient les traces affreuses qu'égoutte derrière lui le bétail égorgé, et l'autel était là, taillé comme il convient, dans ce porphyre qu'on dirait rougi par d'ineffaçables flaques de sang.

Rabouille tira Mazoudier de sa méditation : – Quel souffle fade s'exhale de ce puits sur lequel nous sommes penchés !… Les notices mentionnent généralement l'effort considérable que coûta la forme sépulcrale donnée à ce pesant monolithe, à ce presse-cadavres inébranlable… Je crois bien ! Il a fallu pour le tailler quatre millions et demi d'hommes morts à la peine ; il a fallu, pour le polir, comme le flot polit le galet, la marée de sang dont nous respirons l'odeur nauséabonde. […]

Mazoudier étendit le bras vers l'orgueilleux sarcophage qui semblait avoir été entraîné par son poids même au fond de la crypte et s'écria : – Voilà le mort qu'il faut qu'on tue, la légende à détruire, le culte à déraciner. Voilà le puits dont les émanations ont corrompu l'air d'un siècle et l'âme d'un peuple. Mais ce n'est pas la terre qui doit combler ce trou, chacun y contribuant dans la mesure de son deuil et de son mépris. Il s'agit beaucoup moins de disperser les cendres de cet homme que d'éteindre le feu qui couve dessous. Et il n'y a pas mille façons d'éteindre un feu qui couve : la plus simple est encore de jeter de l'eau dessus. Soyons de bon exemple, camarade, faisons la chaîne !

Et Mazoudier cracha sur le tombeau, et Rabouille, après, y cracha aussi.

Lucien Descaves, *La Colonne*, 1901

« Un spectacle plus propice à la terreur qu'à l'admiration »

Le plus souvent Léon Marcia reste silencieux et immobile, plongé dans ses souvenirs : l'un d'eux, ressurgi du fin fond de sa mémoire prodigieuse, l'obsède depuis plusieurs jours : c'est une conférence que, peu de temps avant sa mort, Jean Richepin était venu faire au sanatorium ; le thème en était la légende de Napoléon. Richepin raconta que, quand il était petit, on ouvrait le tombeau de Napoléon une fois l'an et l'on faisait défiler les invalides pour leur montrer le visage de l'empereur embaumé, spectacle plus propice à la terreur qu'à l'admiration, car ce visage était enflé et verdâtre ; c'est du reste pourquoi l'ouverture du tombeau fut supprimée par la suite. Mais Richepin eut exceptionnellement l'occasion de voir, juché sur le bras de son grand-oncle qui avait servi en Afrique et pour qui le commandant des Invalides avait fait tout exprès ouvrir le tombeau.

Georges Perec,
La Vie mode d'emploi, Hachette, 1978

Visites au musée

Le musée d'Artillerie fascine et inspire l'admiration au milieu du XIXe siècle (Gautier en a tiré la matière d'un étrange poème, « Le souper des armures »). Les choses se compliquent après 1870 et surtout au XXe siècle ; la perception de l'armée et de la guerre change. Le musée des Armes et des Uniformes suscite des jugements ambivalents, qui combinent curiosité, admiration et réticence.

Au musée d'Artillerie, la galerie des armures

Le Musée d'artillerie est logé dans un ancien couvent, à côté de Saint-Thomas-d'Aquin, l'église aristocratique : malgré les aménagements intérieurs nécessités par la nouvelle destination donnée à l'édifice, sa forme primitive est visible encore ; la cour a un air claustral et les portes des longs corridors ressemblent à des portes de cellules d'où l'on ne serait pas trop surpris de voir sortir des moines traînant la sandale et murmurant quelques prières. Tout est calme, silencieux, paisible, dans cet asile où la guerre de tous les temps et de tous les pays a déposé ses engins de destruction, et pourtant quel vacarme si ces armes muettes, canons, mortiers, couleuvrines, espingoles, tromblons, mousquets, carabines, se mettaient tout à coup à parler le langage de la poudre ! Paris croirait qu'un volcan vient d'éclater dans son sein.

La portion la plus intéressante du musée, pour quelqu'un qui n'est ni officier d'artillerie ni militaire, c'est la galerie des Armures, peuplée de fantômes de fer, carapaces vidées des héros qui les animaient et qui conservent encore l'attitude de la vie. […]

Les armures rangées militairement le long des murailles semblent attendre le signal du départ ; le ban et l'arrière-ban a été convoqué. Ils sont tous là, les gens d'armes et les chevaliers immobiles, roides ; ceux-ci à pied, ceux-là chevauchent de fantastiques chevaux de plâtre bronzé, dont la queue verte passe sous le caparaçon, la lance abaissée et assurée sur le faucre, prêts pour le tournoi ou la croisade : on a beau se dire que ces formes étincelantes ne contiennent plus rien, que les corps qui les animaient sont depuis longtemps tombés en poussière à Ptolémaïs, à Damiette, à Saint-Jean-d'Acre, sur les champs de bataille de Crécy, d'Azincourt, de Ravenne, de Coutras, de Lutzen, de la Marfée, ou pourrissent silencieusement dans l'ombre sépulcrale des caveaux de famille ; l'imagination excitée s'échauffe et travaille, et l'on s'étonne qu'un appel d'olifant bien sonné, éclatant tout à coup au milieu du silence ne vienne pas mettre en mouvement toute cette armée morte.

Hélas ! la fanfare fut-elle dix fois plus sonore que celle de Roland à Roncevaux, pas un de ces spectres chevaleresques ne ferait grincer ses charnières ou ses membres d'acier ; aucun œil ne luirait aux barres des visières ; aucun éperon d'or ne chercherait le flanc des chevaux de bronze pour leur faire prendre du champ ; aucune main ne ploierait les doigts du gantelet autour des gardes d'épées ; jamais plus l'ost ne s'ébranlera au pourchas de l'ennemi avec un bruit formidable de ferraille ; [...]

Mais laissons-là toute cette fantasmagorie du Moyen Âge dont il est difficile de se défendre quand on pénètre dans cette salle où le passé se dresse sous un aspect si magique –. Revenons à la réalité. [...]

Une des plus belles entre ces panoplies est une armure de tournoi de la fin du XVe siècle, représentée dans l'ouvrage publié en 1506 sous le titre : « Les Chars de triomphe de l'empereur Maximilien ». Toutes les pièces en sont d'une épaisseur et d'un poids extraordinaires. Abrité de la sorte, le champion devait être aussi en sûreté que derrière un mur de pierre de taille. Pour surcroît de précaution, un second cuissard supplémentaire, rivé à la selle, protège le côté du corps exposé au heurt de la lance. Un garde-bras massif défend sous l'aisselle le défaut de la cuirasse, au dos de laquelle sont gravées une Fortune debout sur un globe, agitant le drapeau de Bourgogne, et une aigle impériale surmontée de deux M, initiales des noms de Maximilien et de Marie. Qu'un cheval, portant déjà lui-même un chanfrein, une selle et des bardes de fer, ait pu courir e t fournir un temps de galop, c'est ce qu'on a peine à concevoir. Nos chevaux anglais seraient coupés en deux sous de telles masses.

Théophile Gautier,
Le Musée d'artillerie,
L'artiste, 8e livraison, 24 mai 1857

« Une vraie leçon et une occasion de méditation »

Idriss al'Amraoui, lettré marocain, lors d'une mission diplomatique en France, en 1860, découvre, impressionné, les collections du musée d'Artillerie.

Il me faut aussi parler du musée des armes. C'est une grande demeure, où de vastes pièces ouvrent leurs fenêtres sur une cour centrale. Ces salles sont remplies de toutes sortes d'armes anciennes et modernes, les plus primitives côtoyant celles qui sont en usage aujourd'hui. On a rangé ces armes de manière si admirable que leur contemplation est très aisée, et ne nécessite aucun effort particulier : le visiteur passe au milieu de tous ces objets exposés et aucun d'entre eux n'échappe à son regard. Toutes ces armes sont soigneusement polies et nettoyées, comme si elles venaient de sortir de l'atelier, alors que certaines d'entre elles n'ont pas moins de mille ans d'ancienneté…

Les plus précieuses sont protégées de la poussière par des écrans de verre que l'on peut ouvrir ou fermer.

Nous avons d'abord vu des couteaux de pierre, et des pierres longues comme le bras et aiguisées, dont on nous dit que c'étaient là les armes des premiers hommes, avant qu'ils ne connussent le fer, puis nous avons vu des boucliers de fer recouverts de plaques de métal, les pièces de cuirasse que revêtaient leurs ancêtres à la guerre, les éléments de métal dont se couvraient le cavalier et son cheval, jusqu'aux sabots, éléments articulés entre eux par des chevilles de fer ; il y avait là des cavaliers de métal montant des chevaux de métal, merveilleusement ajustés et mobiles. Il y avait aussi ces cottes de maille que portaient les musulmans, avec les anciens boucliers de cuir, les épées, les lances, les arcs et les flèches, etc. Dans une autre salle se trouvaient les armes à feu anciennes, depuis les premiers fusils à mèche jusqu'aux différents fusils à chien de pierre, et aux armes plus récentes aujourd'hui en usage chez eux. Nous avons vu des canons, avec leurs chariots, de toutes sortes et de toutes formes, un genre particulier de fusil, fabriqué au Maroc, d'une qualité parfaite, revêtu de feuilles d'or, et incrusté de gemmes de couleur, rouges, blancs et verts, un merveilleux travail. […]

À chacune de ces armes est jointe une petite affiche où sont inscrits la date de sa fabrication, le nom du peuple qui en faisait usage, et le roi qui l'a déposée dans ce trésor ; nous vîmes aussi, au pied de ce bâtiment, de nombreux canons dont on nous dit qu'ils avaient été pris à l'ennemi en Moscovie et en Autriche au cours des deux guerres précédentes ; à l'entrée se trouvaient d'autres canons de bronze très longs et massifs, rapportés d'Algérie – Dieu puisse ramener ce pays dans le giron de l'Islam – ; je vis sur certains d'entre eux des inscriptions en arabe et en turc, comme : « Le succès dépend de Dieu, en Lui je place ma confiance », ou bien : « Je m'en remets à Dieu, et me prépare au saint combat », ou encore : « Si Dieu le veut, la citadelle d'Alger sera prise ».

C'est là assurément un important édifice, dont la visite est une vraie leçon et une occasion de méditation.

Idriss al'Amraoui,
Le Paradis des femmes et l'enfer des chevaux, v. 1860

« Le musée de la défroque militaire »

Samedi 5 octobre

Aujourd'hui, je m'amuse à relever à l'Exposition du ministère de la Guerre le coût des coups de canon. Les coups de canon de rien du tout, ça va maintenant de 300 à 500 francs. Mais nous avons le coup de canon de 1 350 francs, et même de 1 572. Tout a bien augmenté dans la vie, et c'est devenu bien cher, l'art de se tuer !

Que de choses, toutefois, intimement parlantes à l'historien de mœurs dans ce musée de la défroque militaire, et comme elle m'en dit plus, cette cravache avec laquelle Murat chargeait à Eylau, que toutes les histoires imprimées de la bataille !

Edmond et Jules de Goncourt,
Journal. Mémoires de la vie littéraire, III, 1887-1896

« Un tumultueux hypogée d'armes »

Il n'y a plus d'invalides aujourd'hui, dans l'Hôtel bâti pour eux ; pas même ce légendaire personnage, que des générations de paysans convaincus ont demandé à des générations de gardiens goguenards : l'invalide à la tête de bois. Pas d'autre tête de bois ici que celles des mannequins du Musée de l'Armée, habillés en guerriers gaulois, en chevaliers des croisades, en mousquetaires, en gardes-françaises, en soldats de l'an II, en grognards ou en pioupious. Rien de plus attrayant qu'une conversation muette avec ces pittoresques héros, épars dans les salles du plus discret et du plus solitaire de tous les musées de Paris.

Bien injustement d'ailleurs, car il n'en est pas un seul, en Europe, qui le dépasse en richesse et en variété. On trouve ici, en effet, les inventions les plus ingénieuses que les hommes aient pu combiner pour se massacrer les uns les autres de la façon la plus rapide et la plus efficace. Les musées d'armes réservent toujours une agréable leçon à ceux qui les fréquentent ; ils démontrent en effet que les peuples ont dépensé, à construire leurs engins de destruction, une somme d'habileté, de science, de talent et même de goût, presque égale à celle que coûtèrent les plus belles œuvres d'art. Ce sont des œuvres d'art, d'ailleurs, que les épées, les pistolets, les carabines, les poignards, les tromblons, les fauconneaux et les colichemardes sagement alignés dans ces vitrines. Bien des souvenirs s'y attachent et les salles historiques du Musée apparaissent au visiteur ébaubi comme une sorte d'immense diorama qui raconte, en objets et en gestes, avec la raideur ingénue des images d'Épinal, les fastes héroïques des anciens temps. On y fait connaissance avec des armes dont on suppute le nom et l'emploi, avec des costumes ; à peine poudrés de poussière, à peine becquetés par les insectes du temps, qui parlent de campagnes abolies, des pyramides aux quarante siècles, des steppes moscovites, des rizières du Tonkin.

Un étrange silence règne dans ces salles. Quand les promeneurs du dimanche et leurs enfants fatigués ont abandonné le musée et l'église, les Invalides redeviennent ce qu'ils sont en réalité : un vaste tombeau, un cimetière d'âmes et de choses, un tumultueux hypogée d'armes et d'hommes d'armes.

Marcel Brion,
Paris tel qu'on l'aime, 1949

Le panthéon militaire

Les discours justificatifs de l'inhumation sous le Dôme d'un grand acteur de l'Histoire révèlent les motifs explicites mais aussi les arrière-pensées du pouvoir politique ayant fait ce choix. On remarquera la forte présence du thème des anciens soldats chez Carnot et Rémusat au XIXe siècle, alors que chez Poincaré et de Gaulle, au XXe siècle, il s'efface devant l'évocation du monument.

Sur Turenne

Elle est sublime […], l'idée de placer les dépouilles mortelles d'un héros qui n'est plus, au milieu des guerriers qui le suivent dans la carrière et que forma son exemple ! […] Aux braves appartient la cendre du brave ; ils en sont les gardiens naturels, ils doivent en être les dépositaires jaloux. Un droit reste après la mort du guerrier qui fut moissonné sur le champ des combats : celui de demeurer sous la sauvegarde des guerriers qui lui survivent, de partager avec eux l'asile consacré à la gloire car la gloire est une propriété que la mort n'enlève pas.

Les restes de Turenne furent conservés jusqu'à nos jours dans le tombeau des rois. Les républicains l'ont tiré de ce fastueux oubli ; ils lui décernent aujourd'hui une place dans le temple de Mars où chaque jour le récit de ses victoires sera répété par les vieux guerriers qui habitent cette enceinte. Qu'importent ces trophées sans mouvement et sans vie ? Ici la gloire est toujours en action.

[…] De nos jours, Turenne eût été le premier à s'élancer dans la carrière qu'ont parcourue nos phalanges républicaines […]. L'amour de la patrie fut son mobile […] ; sa gloire ne doit point être séparée de celle des héros républicains ; et c'est au nom de la République qu'une main doit déposer ces lauriers dans sa tombe. Puisse l'ombre du grand Turenne être sensible à cet acte de la reconnaissance nationale, commandé par un gouvernement qui sait apprécier les vertus !

Lazare Carnot (1753-1823), ministre de la Guerre, 10 juillet 1799

Sur Napoléon Ier

Il fut empereur et roi ; il fut le souverain légitime de notre pays. À ce titre, il pouvait être inhumé à Saint-Denis ; mais il ne faut pas à Napoléon la sépulture ordinaire des rois ; il faut qu'il règne et commande encore dans l'enceinte où vont se reposer les soldats de la patrie, et où iront toujours s'inspirer ceux qui seront appelés à la défendre.

[…] L'art élèvera sous le dôme, au milieu du temple consacré par la religion au dieu des armées, un tombeau digne, s'il se peut, du nom qui doit y être gravé.

[…] Désormais la France, et la France seule, possédera tout ce qui reste de Napoléon. Son tombeau, comme sa renommée, n'appartiendra à personne qu'à son pays. La monarchie de 1830 est en effet l'unique et légitime héritière de tous les souvenirs dont la France s'enorgueillit. Il lui appartenait sans doute, à cette monarchie, qui la première a rallié toutes les forces et concilié tous les vœux de la révolution française, d'élever et d'honorer sans crainte la statue d'un héros populaire. Car il y a une chose, une seule qui ne redoute pas la comparaison avec la gloire : c'est la liberté.

Charles de Rémusat (1797-1875),
ministre de l'Intérieur, 12 mai 1840

Sur Foch

Comme beaucoup d'autres nations, la nôtre compte dans ses annales un grand nombre d'illustres capitaines et Foch retrouvera plusieurs d'entre eux dans la célèbre chapelle où il va dormir son dernier sommeil. Il avait certes toutes les fortes qualités qu'à l'époque même où Mansart venait d'achever l'église Saint-Louis des Invalides, Bossuet énumérait comme les traits caractéristiques d'un héros, « *valeur, magnanimité, bonté naturelle ; pénétration, grandeur et sublimité de génie.* » […] Mais, avec tous ces mérites, il en a eu d'autres, qu'il a reçus en partie de sa propre conscience, en partie des événements et des mœurs contemporaines, et qui lui ont donné par rapport à ses prédécesseurs une immortelle supériorité. Porté, sans avoir recherché cet honneur, au commandement de millions de soldats alliés, il a conduit à la bataille des peuples entiers, non par orgueil, mais par obligation morale, non pour la conquête d'un sol étranger, mais pour la délivrance de pays envahis.
Il n'a eu d'autre ambition que de servir ; il n'a voulu d'autre récompense que le sentiment du devoir accompli ; et voilà pourquoi le deuil où nous sommes aujourd'hui plongés n'est pas seulement celui de ceux qui l'ont connu et qui l'ont aimé […] ; c'est celui de la France et d'une grande portion de l'humanité civilisée. […] Inclinons-nous, Messieurs, devant les restes sacrés de celui qui, en servant la France, a servi l'humanité et qui vivra, d'une vie sans cesse rajeunie, dans l'esprit de la postérité.

Raymond Poincaré (1860-1934),
président du Conseil, 26 mars 1929

Sur Lyautey

C'est en terre française, aux Invalides, que le Maréchal Lyautey va poursuivre son dernier sommeil. Pour lui, il paraît donc sembler que tout soit définitif. Il n'en est rien cependant. Si noble que puisse être le décor offert finalement à ses cendres, l'esprit et les actes de Lyautey ne sauraient être ensevelis. Dans un monde où tout passe, la flamme qui l'animait est vivante.

[…] Parce que son œuvre était humaine elle fut essentiellement française. L'ascension et l'affranchissement des pays sous-développés, affranchissement et ascension réalisés par la France de ces pays sous-développés qu'elle avait pris sous son aile, bien loin qu'il y vît les effets de la faiblesse ou de l'abandon, étaient pour lui, bien au contraire, des objectifs dignes des desseins et de la puissance d'un grand peuple.

[…] [P]our réaliser son grand but, la naissance du Maroc moderne, il appliqua à la fois la fermeté du gouvernement – rien en effet ne se crée que dans l'ordre – l'influence de la culture, car tout procède de l'esprit, le sort de l'économie dont il fit une sorte de miracle, car il savait bien qu'il n'y a pas d'avenir ailleurs que dans le développement, enfin et surtout la force et la gloire des armes, parce que jamais parmi des peuples immobiles ne fut frayée la route aux réformes et aux progrès sinon par l'effort, les peines et le sang des soldats.

Charles de Gaulle (1890-1970), président
de la République, 10 mai 1961

Ambras, une collection d'intérêt européen

À l'inverse des arsenaux et armureries princières « visités » par les troupes françaises dans le reste de l'Europe, les collections d'armes du château d'Ambras, à proximité d'Innsbruck en Tyrol, présentaient un intérêt historique évident pour les autorités françaises.

C'est à partir de 1564 que l'archiduc Ferdinand II d'Autriche (1529-1595), frère cadet de l'empereur Maximilien II, qui exerçait alors les fonctions de régent du Tyrol et des Vorlande habsbourgeois, a rassemblé dans sa demeure d'Ambras d'immenses collections.

Auprès du cabinet d'art, du cabinet de curiosités, des collections de monnaies, de la bibliothèque [...], les armes et les armures tenaient une place considérable et se disposaient selon une organisation et un classement précis. L'armurerie personnelle de l'archiduc voisinait le « cabinet des tournois », la section des armures de nains, d'enfants ; le « cabinet turc » réunissait les armes orientales. Une immense salle, dont des éléments de la scénographie ont été reconstitués, accueillait le « Helden-rüstkammer », « Cabinet des Héros » ; dans des vitrines murales d'une architecture classique se trouvaient disposées environ cent trente armures ayant appartenu pour la plupart à des personnalités contemporaines dont les portraits étaient disposés à proximité. Il y avait dans cette étonnante revue des grands personnages de l'histoire du temps, des membres de la famille impériale, des dynasties apparentées notamment d'Espagne, des ascendants de l'empereur, des grands dignitaires de l'empire, des membres des familles régnantes ou les principaux capitaines de l'époque (les Médicis, Sforza, Este, Ferrare, Mantoue...); Soliman le Magnifique complétait ce panorama du gotha européen.

La France était représentée par une dizaine de harnois. Le catalogue des armures dressé par le secrétaire de l'archiduc Jacob Schrenk von Notzingen, l'*Armamentarium heroicum* [...], dont la première édition en latin ne fut publiée qu'en 1601, précédant de deux ans l'édition allemande, illustrée de superbes portraits représentant les membres de l'« Honnête Compagnie » revêtus de leurs armures exposées à Ambras, disposés en regard d'un texte biographique, a permis d'utiles identifications.

Lors du traité de Presbourg, en 1805, imposé par Napoléon après la victoire d'Austerlitz et le rattachement du Tyrol à la Bavière, il fut décidé que les collections d'Ambras, qui en ces occasions accédèrent à une notoriété européenne, fussent restituées à l'Autriche. L'année suivante, à la demande expresse de l'empereur concrétisée par l'envoi en mission extraordinaire au Tyrol de M. de Villemansy, inspecteur en chef aux revues de la Grande Armée (février 1806), les armures des souverains et capitaines français prirent le chemin de Paris.

L'armure de François Ier ouvre la section française ; on sait que pour sa réalisation, Jorg Seusenhofer, appartenant à une famille d'armuriers impériaux réputés, se déplaça pour aller en France prendre les mesures mêmes du roi et que par la suite, en raison des circonstances politiques, ce chef-d'œuvre des ateliers d'Innsbruck ne parvint pas à son destinataire et de ce fait entra dans les collections de l'archiduc Ferdinand. Ce dernier, en 1578, aurait demandé à Henri III l'envoi d'une autre armure de François Ier, celle de son père Henri II et de ses frères François II et Charles IX ; seule l'armure de ce dernier a pu être identifiée et se trouve exposée au musée de l'Armée. On ignore les circonstances dans lesquelles les armures du connétable Anne de Montmorency et celles de deux de ses fils, François, second duc de Montmorency et Henri de Montmorency, complétèrent les collections d'Ambras. Il est utile de rappeler également que Henri de Guise, dont le harnois voisine avec celui de son frère le duc de Mayenne, fit campagne auprès de l'archiduc Ferdinand en 1566. Il faut également souligner les déplacements en France, l'année du mariage de Charles IX avec Elisabeth d'Autriche (1570), de Gislain de Busbeck, l'agent personnel de l'archiduc. Les armures du maréchal de Biron et de Charles III de Bourbon Montpensier complètent cette galerie qui offre, de nos jours, l'ensemble le plus important pour l'étude des armures utilisées par les grands acteurs de notre histoire au XVIe siècle.

Jean-Pierre Reverseau

Armes et armures des souverains

L'extrême qualité des armes et armures royales parvenues jusqu'à nous compense leur trop grande rareté et souvent faut-il mener un véritable travail d'investigation sur les textes et les anciennes sources figurées pour identifier ces pièces dont la présence reste tangible et familière dans l'environnement princier.

En France, les armures des souverains n'eurent pas le privilège d'être conservées en grand nombre, à la différence de celles ayant appartenu aux Habsbourg de Madrid ou de Vienne. Dès le troisième quart du XVIIe siècle, l'inventaire du Garde-Meuble de la Couronne ne mentionnait qu'une douzaine de harnois, en majorité parvenus jusqu'à nous : outre l'armure offerte par la République de Venise à Louis XIV en 1668 dont le décor commémore les victoires du roi, prenaient place, dans cette galerie, plusieurs ensembles ayant appartenu à Louis XIII ; sur un portrait peint par Philippe de Champaigne, le souverain revêt l'armure noircie semée de fleurs de lys dorés, conservée aujourd'hui dans les collections du musée de l'Armée. Récemment, de nouvelles recherches ont permis d'attribuer à Louis XIII deux armures d'enfant ; l'une aurait été offerte par les échevins de Moulins au jeune dauphin l'année 1603, l'autre serait un présent, en 1611, de Maurice de Nassau. Plus singulier, un harnois complet, vers les années 1630, offre, répété sur son décor, un monogramme que l'on peut interpréter comme celui du cardinal de Richelieu ; soulignons qu'une autre pièce dans la même collection, un mousquet à mèche, porte les armoiries du ministre.

À ces pièces des XVIe et XVIIe siècles d'une extrême qualité esthétique s'ajoutent les vestiges des harnois médiévaux, destinés à Charles V et à d'autres membres de la famille royale, provenant du trésor de la cathédrale de Chartres, contemporains du célèbre « chapel » à l'emblématique de Charles VI découvert dans le chantier du Grand Louvre. Le musée du Louvre expose également une armure attribuée à Henri II et des pièces d'apparat réalisées à l'usage de Charles IX.

À l'étranger, le Metropolitan Museum of Art de New York présente une armure traditionnellement donnée à Henri II – un autre harnois conçu pour Henri II a disparu avec l'ensemble de la collection d'armes de la Wartburg dans les bouleversements de la Seconde Guerre mondiale. D'autres pièces isolées, notamment des écus réalisés également pour Henri II, subsistent dans les grands musées étrangers. Du même souverain, le Garde-Meuble conservait une masse d'armes-pistolet d'une grande ingéniosité technique, cette arme réunissant les effets d'une arme de coup à ceux d'une arme à feu.

Dans le domaine des armes à feu, nombreux sont les exemplaires commandés auprès des arquebusiers français de l'époque classique par Louis XIV et ses successeurs qui sont présentés dans les musées ou appartiennent à des collections privées. Les inventaires royaux (1673/1729/1775) apportent des informations étendues concernant les immenses collections d'armes à feu rassemblées par Louis XIII. Les vicissitudes de l'Histoire en ont épargné un nombre significatif ; malgré le pillage du Garde-Meuble de la Couronne, le 13 juillet 1789, le musée de l'Armée peut exposer environ 80 arquebuses, pistolets à rouet et fusils à silex qui révèlent tout aussi bien les goûts cynégétiques de Louis XIII que l'art des arquebusiers français, bientôt devenu référence dans l'ensemble des cours européennes.

Sont en effet réunis dans le nouvel espace de la « salle Royale » du musée de l'Armée des chefs-d'œuvre techniques et artistiques dus à des maîtres protégés par les souverains (tels Henri IV ou Louis XIII), qui ont pour noms Marin Le Bourgois et ses frères originaires de Lisieux, les « inventeurs » de la platine à silex, Poumerol, arquebusier et poète, Duclos… dont les réalisations, qu'on estimait à l'époque devoir être conservées et préservées dans les collections du Roi, correspondent à un art véritable resté souvent méconnu.

Les anciens inventaires mentionnent aussi un grand nombre de pièces « orientales » dont certaines ont pu être identifiées. Ainsi, outre des rondaches ottomanes, des étuis à arc et leurs carquois, apparaissent des armures japonaises ; décrites sur les textes comme des « armures indiennes », ces pièces sont considérées alors comme des « curiosités » ; à la même époque, des exemplaires similaires sont signalés dans les autres grandes armureries princières, et correspondent vraisemblablement à des envois d'autres cours européennes vers celle de la France qui, à l'inverse des Pays-Bas et de l'Angleterre, n'établissait pas d'échanges commerciaux avec l'ancien Japon.

Jean-Pierre Reverseau

Les restaurations des peintures de Parrocel

Dans le cadre du projet ATHENA de modernisation du musée a été mené un très important chantier de restauration des peintures murales du réfectoire peint à la fin du XVIIe siècle par Joseph Parrocel. Cette entreprise a été réalisée sur les fonds propres du musée de l'Armée, avec le soutien décisif du mécénat du CIC (Crédit Industriel et Commercial).

Dès 1993, avaient été engagés des travaux de réfection du réfectoire François Ier (réfection du plafond à la française, des lambris latéraux, des sols). Ces opérations s'étaient accompagnées d'importants sondages sur les décors recouvrant les quatre parois de l'immense salle s'étendant sur environ 40 m pour une largeur de 7 m et une hauteur de 8 m. À l'instar des trois autres réfectoires des Invalides, le décor relatait des épisodes de la guerre de Dévolution et principalement de la guerre de Hollande. L'ornementation du réfectoire des collections royales réalisé entre 1676 et 1678 achevait un programme qui avait débuté dans les autres réfectoires sous les pinceaux de Fricquet de Vauroze, à l'est, et des frères Michel et Jean-Baptiste Corneille, à l'ouest – aujourd'hui salle des Grands ateliers ou de l'Europe. Au début de l'année 2005, le programme de scénographie du département ancien étant avancé et son financement assuré, débutèrent, en liaison avec l'Inspection générale des monuments historiques, les restaurations des peintures murales.

Les vicissitudes d'un décor historié

L'ancien décor a subi au cours des siècles de nombreuses dégradations que suivirent autant de « restaurations » qui aboutirent à un chantier complexe et difficile. Des analyses effectuées par le Laboratoire de recherche des monuments historiques ont révélé jusqu'à 5 à 7 couches de matières superposées (peintures et vernis). Sur les grandes compositions historiées (mur est), les interventions successives paraissent avoir obscurci et progressivement dénaturé l'esthétique même des scènes.

Dès le XIXe siècle, il semble que l'on puisse constater que l'œuvre de Parrocel est fortement altérée. Une large part du décor a disparu, l'effet de trompe l'œil s'est effacé. Les effets d'ouvertures vers l'extérieur ont également disparu. L'espace s'est refermé, est devenu clos et les compositions se sont transformées en autant de tableaux indépendants les uns des autres. Les rapports de lumière sont inversés ; les parties décoratives, traitées à l'origine dans des dominantes sombres, ont été adaptées au goût du jour, repeintes dans un ton plus clair tendant à imiter l'aspect de la pierre ; les compositions, assombries par les repeints et l'altération des vernis, perdent de leur lisibilité. Le grand mérite de ce chantier, c'est la révélation des compositions perdues, retrouvées et de fait inédites.

Les phases de la restauration

L'ensemble était très encrassé, certaines places présentaient des soulèvements importants de la matière picturale, les vernis étaient altérés, les repeints et reprises de toutes époques restaient visibles. Le chantier a eu pour objectif le nettoyage et la consolidation de l'ensemble, le retour à une forme d'harmonisation, la restitution des trompe-l'œil pour recréer l'apparence d'une galerie architecturale s'ouvrant sur de vastes paysages.

Les sondages réalisés en 1993 et 2003 laissaient supposer la présence de l'œuvre originale de Parrocel sous les couches successives de restauration. Le parti initial envisageait principalement l'intervention sur les grandes scènes historiées du mur est. On estimait que les compositions du côté ouest risquaient d'être détruites. Le dégagement, en début de l'année 2005, de parties mieux conservées qu'on ne le pensait initialement, donna une orientation nouvelle au chantier. Les compositions qui sont apparues moins lacunaires qu'on ne l'estimait ont été dégagées pour être consolidées. Sur les parties décoratives, les couches les plus anciennes se sont révélées solides, leurs repeints ont été dégagés afin de refixer les couches primitives. Les petites compositions italianisantes peintes à l'emplacement des trumeaux ont été retirées laissant place à des scènes de batailles que surmontent des médaillons présentant alternativement une fleur de lys ou le chiffre royal et qu'accompagne un mascaron.

Au-dessous de la scène centrale s'inscrit dans un cartouche l'inscription évoquant les thèmes traités sur le trumeau et la composition voisine.

Pour les grandes scènes historiées peintes sur les parois nord/sud et est, les interventions se sont limitées à un décrassage, à l'enlèvement des vernis et des repeints les plus récents qui ont précédé le refixage de la couche picturale et la consolidation du support.

ORIENTATIONS BIBLIOGRAPHIQUES

Sur l'hôtel des Invalides
- Jean-Pierre Bois, *Les Anciens Soldats dans la société française au XVIIIe siècle*, Economica, 1990.
- Bertrand Jestaz, *L'Hôtel et l'église des Invalides*, CNMHS/Picard, 1990.
- Collectif, *L'Œuvre révélé de Joseph Parrocel : Peintures murales aux Invalides*, Faton, 2006.
- «Les Invalides», *L'estampille/L'objet d'art*, hors-série n° 21, janvier 2006.
- Collectif, *Les Invalides, Trois siècles d'histoire*, sous la direction de René Baillargeat, musée de l'Armée, Paris, 1974.
- Anne Muratori-Philip, *Les Grandes Heures des Invalides*, Perrin, 1989, rééd. 2001.
- «Le musée de l'Armée a 100 ans», *Revue de la Société des Amis du musée de l'Armée*, n° 129, 2005-I.
- Abbé Gabriel Pérau, *Description historique de l'Hôtel royal des Invalides*, Paris, 1756, réimpression Éditions du Palais Royal/Minkoff Reprint, Paris/Genève, 1974.
- François Poche, Jean-Claude Rochette, *Les Invalides, un chef-d'œuvre restauré*, Somogy et Musée de l'Armée, 1995.

Sur le tombeau et la légende de Napoléon
«150e anniversaire du Retour des Cendres», *Revue de la Société des Amis du musée de l'Armée*, n° 101, 1991-I.
- Collectif, *Napoléon aux Invalides, 1840, Le dernier voyage ou le retour des Cendres*, sous la direction de Jean-Marcel Humbert, musée de l'Armée/Fondation Napoléon, 1990.
- Collectif, *Napoléon de l'histoire à la légende*, Éditions In Forma/Maisonneuve & Larose, 2000.

Sur les collections du musée de l'Armée
- «Armes et armures anciennes», *L'estampille/L'objet d'art*, hors-série n° 26, juin 2006.
- Michel Decker et Sylvie Leluc, *Petits modèles d'artillerie*, musée de l'Armée, 1994.
- «L'homme armé en Europe, XIVe siècle-XVIe siècle», *Cahier d'études et de recherches du musée de l'Armée* n° 3, sous la direction de Philippe Contamine et Jean-Pierre Reverseau, 2002.
- Jean-Pierre Reverseau, *Les Armes et la vie*, Dargaud, 1982.
- Jean-Pierre Reverseau, *Les Armures des rois de France au musée de l'Armée,* Saint-Julien du Sault, Presse saltusiennes, 1982.
- Jean-Pierre Reverseau, *Armes insolites du XVIe-XVIIIe siècle*, RMN, 1991.
- Jean-Pierre Reverseau, *Armes et armures des Montmorency,* RMN/musée de l'Armée, 1993.
- Jean-Pierre Reverseau, *Armes et armures de la couronne au musée de l'Armée*, Faton, 2004.

Guides
- Collectif, *Invalides, Musée de l'Armée, 100 trésors des collections*, Perrin/Musée de l'Armée, 2000.
- Collectif, *Invalides, Musée de l'Armée, 1939-1945. La Deuxième Guerre mondiale, Collections historiques,* Perrin/Musée de l'Armée, 2001.
- Collectif, *Invalides, Musée de l'Armée, L'hôtel des Invalides et le tombeau de Napoléon*, Paris-musées/Musée de l'Armée, 2003.
- François Lagrange, *Hôtel national des Invalides*, Gulf Stream/RMN, 2005.
- Isabelle Warmoes, *Le Musée des Plans-Reliefs*, Caisse nationale des monuments historiques/ Éditions du patrimoine, 1997.

CD Rom
- Musée de l'Armée, Fondation de la France Libre, Telimage, *1939-1945, La Seconde Guerre mondiale, La France Libre, La France Combattante, leur chef le Général de Gaulle et l'Hôtel national des Invalides,* Paris, 2000. [Comporte une visite virtuelle des Invalides et une sélection d'objets des salles d'avant 2000].

VISITER LES INVALIDES

Pour accéder aux Invalides
Métro : stations Latour-Maubourg, Invalides, Varenne, Saint-François-Xavier
RER : ligne C, Invalides
Bus : 28, 49, 63, 69, 82, 83, 87, 92, 93
Contacter les musées :
- Musée de l'Armée
Tél. : 01-44-42-38-77 Fax : 01-44-42-37-64
Site internet : www.invalides.org
Courriel : accueil-ma@invalides.org
- Musée de l'Ordre de la Libération
Tél. et fax : 01-47-05-04-10
Site internet : www.ordredelaliberation.fr
Courriel : musee@ordredelaliberation.fr
- Musée des Plans-Reliefs
Tél. : 01-45-51-95-05 Fax : 01-47-05-11-07
Site : www.museedesplansreliefs.culture.gouv.fr
Courriel : pedagogie.plans-reliefs@culture.gouv.fr
- BDIC-MHC (Bibliothèque de documentation contemporaine-Musée de l'Histoire contemporaine)
Tél. : 01-44-42-54-91 Site internet : www.bdic.fr
Courriel : mhc@bdic.fr

Tous ces renseignements sont donnés à titre indicatif et sont susceptibles d'être actualisés.

TABLE DES ILLUSTRATIONS

COUVERTURE

OUVERTURE

CHAPITRE 1

CHAPITRE 2

38 Figures d'invalides, v. 1809-1811, aquarelle. Paris, BnF.
39 Alexandre Veron-Bellecourt, Napoléon visitant l'infirmerie des Invalides le 11 février 1808, h/t. Châteaux de Versailles et de Trianon.
40 Jean-Baptiste Debret, Première distribution des croix de la Légion d'honneur dans l'église des Invalides le 15 juillet 1804, 1812, h/t. Châteaux de Versailles et de Trianon.
41h Incendie des drapeaux dans la cour d'honneur, le 30 mars 1814, héliogravure de Dujardin d'après un tableau d'Émile Defrenne. Paris, musée de l'Armée.
41b Gaspard Marsy et Jean-Baptiste Tuby, tombeau du maréchal Turenne, 1675-1680, marbre et bronze. Paris, hôtel des Invalides.
42h Billet d'invitation aux funérailles du 15 décembre 1840 dans l'église des Invalides.
42-43 Entrée des Cendres de Napoléon à Paris, le 15 décembre 1840, lithographie d'Adolphe Bayot d'après Eugène Guérard.
43h Mausolée de Napoléon dans la chapelle Saint-Jérôme des Invalides en 1842, lithographie de Jean-Baptiste Arnout. Paris, BnF.
44-45 Visite de la reine Victoria au tombeau de l'Empereur, le 24 août 1855, anonyme, v. 1885, h/t. Paris, musée de l'Armée.
46 Théophile Vauchelet, Portait de Louis Visconti, h/t. Paris, musée Carnavalet.
47 Vue axonométrique des deux églises des Invalides.
48 Pierre Antoine Demachy, Intérieur du Dôme des Invalides, huile sur bois. Coll. part.
49 «Les Invalides-Intérieur du Dôme-Tombeau de Napoléon», lithographie de Ph. Benoist d'après un dessin de Chapuy, XIXe s. Paris, BnF.
50b Translation des restes de Napoléon dans la crypte du Dôme des Invalides, le 2 avril 1861, gravure in *L'Illustration*, n° 946, 13 avril 1861.
50-51 Vue du tombeau de Napoléon Ier.
51b Extrait du procès-verbal de la cérémonie dans l'église des Invalides, 15 décembre 1840. Vincennes, coll. SHD-Archives de la Guerre/Fonds des Invalides.
52b Pierre-Charles Simart, Statue de Napoléon, marbre blanc et or. Paris, hôtel des Invalides.
52g Le Concordat, bas-relief, 1846-1853, marbre, *idem*.
52-53 Les Grands Travaux publics, *idem*.
53d La Création du Code civil des Français, *idem*.

CHAPITRE 3

54 «Une visite au musée de l'Armée, aux Invalides», supplément illustré du *Petit Journal* du 20 décembre 1903, lithographie. Paris, musée de l'Armée.
55 Bourguignote de l'«ensemble à la chimère», v. 1560-1570, argent partiellement doré, fer forgé, textile. Paris, musée de l'Armée.
56h Louis XV et ses conseillers examinent cartes et plans-reliefs dans la Galerie du bord de l'eau au Louvre, miniature de Nicolas van Blarenberghe ornant la tabatière du duc de Choiseul, v. 1770. Coll. part.
56b Plan en relief de Tournai. Lille, Palais des Beaux-Arts, dépôt du musée des Plans-Reliefs.
57 «Magazin royal des armes à Paris», gravure de Pierre Lepautre d'après un dessin d'Edme Fourier, *in* Pierre Surirey de Saint-Rémi, *Mémoires d'artillerie*, 1707. Paris, musée de l'Armée.
58-59 Jean-Louis Prieur, Pillage des armes au Garde-Meuble le 13 juillet 1789, dessin. Paris, musée Carnavalet.
59h Archives du Garde-Meuble, 27 avril 1797. Paris, BnF.
59m Masse d'armes d'Henri II, travail de Diego de Cayas, v. 1536-1542, fer, argent et or, long. 60 cm. Paris, musée de l'Armée.
60h Épée de Frédéric II arrivant à l'hôtel des Invalides le 17 mai 1807, détail, assiette en porcelaine de Sèvres, 1808. Reuil-Malmaison, musée national du Château de Malmaison.
60b Enlèvement des armures de l'arsenal de Vienne et d'Ambra en 1806, détail du relev de la colonne Vendôm gravure.
61 René Théodore Berthon, Napoléon Ier reçoit au Palais royal de Berlin les députés du Sénat français le 19 novembre 1806 auxquels il remet les drapeaux conquis à Iér et l'épée du Grand Frédéric, 1808, h/t. Châteaux de Versailles et de Trianon.
62 Armure de François Ier, travail de Jörg Seusenhofer et Degen Pirger, v. 1539-1540, fer, dorure, cuir et textile. Paris, musée de l'Armée.
63 Armure du dauphin Henri, futur Henri II, v. 1536-1547, travail des Negroli. Paris, musée de l'Armée.
64g Fusil à double platine à silex et à mèche, travail de François Duclos, 1636, argent, bois, bronze, cuivre, nacre et fer. Paris, musée de l'Armée.
64mg Épée de François Ier, lame signée P. A.Cataldo, v. 1480, garde probablement française, v. 1510-1515, cuivre, émail, fer forgé. Paris, musée de l'Armée.
64md Pertuisane des gardes de la Manche de la Maison du Roi, Jean I Berain, dernier quart du XVIIe s., acier ciselé avec rehauts d'or, bois, textile Paris, musée de l'Armée.
64d Épée de Louis XIII, lame signée de Silbestre Nieto, 1614, fer et or.

CHAPITRE 4

87b Le général de Gaulle décore le maréchal britannique Montgomery aux Invalides, en mai 1945.
88g Restauration des peintures du réfectoire nord-ouest, 2005.
88-89 Vue du chantier de la restauration du Dôme, 1989.
89b Inauguration de l'exposition «Les plus belles pièces de la collection Pauilhac» par Pierre Messmer, 1964.
90-91 Vue aérienne du site, depuis le sud.
92 Salle d'exposition au musée de l'Armée en 1998.
93h Salle du réfectoire consacré aux armes et armures de la Couronne, projet des architectes Frénak, Jullien, Morisseau et Gory.
93b Historial Charles De Gaulle, vue générale du projet, agence Moatti-Rivière.
94h Jacques Chirac lors d'une prise d'armes dans la cour d'honneur, 13 octobre 2006.
94b Hommage national rendu dans l'église des Soldats aux 9 militaires français tués en Côte-d'Ivoire, 10 nov. 2004 .
95 Concert dans la cour d'honneur du World Philarmonic Orchestra le 21 juin 2006.
96 Vue depuis le Dôme sur les toits de l'Hôtel.

TÉMOIGNAGES ET DOCUMENTS

97 Robert Bonnart, Allégorie de la fondation des Invalides, frontispice *in* Le Jeune de Boullencourt, *Description Générale de l'Hôtel royal des Invalides*, Paris, 1683. Paris, musée de l'Armée.
103 Invalide à la tête de bois, gravure, XIXe s.
109 Église Saint-Thomas-d'Aquin et dépôt d'Artillerie, gravure. Paris, BnF.
110 Salle des armures du musée d'Artillerie, Second Empire, détail. Paris, BnF.
114 François Ier, gravure, in *Armamentarium Heroicum*, Innsbruck, 1601.
115 Château d'Ambras dans le Tyrol, gravure de Mérian, 1649.
117 Armure du roi Louis XIV offerte par la république de Venise, travail de Francesco et Giovan Battista da Garbagnate, 1668, cuir, fer, textile. Paris, musée de l'Armée.
118 Essai de dégagement de la couche picturale d'origine, 1993.

INDEX

CRÉDITS PHOTOGRAPHIQUES

ltitude/Yann Arthus-Bertrand 1er plat de couv.90-91. AKG-images 42-43, 115. AFP/Jacky Naegelen 4h. BnF 13h, 36h, 37, 43h, 49 , 109, 110. BPK/Heinrich Hoffman, Berlin-dist. RMN 86. Bridgeman 26-7. Bridgeman/Archives Charmet 38, 60h. Bridgeman/Lauros-Giraudon 46. Bridgeman/Peter Willi 5. Coll. part. 23d, 42h, 48, 56h, 103, 114. ECPAD, Fort d'Ivry 89b. Archives Gallimard 18h-19h, 50b, 9h, 68h, 74, 71, 75. Archives Gallimard/Patrick Léger Dos de couv. Éditions Gallimard/Catherine élie 128 (photo des auteurs). Gallimard Loisirs/Jean-Marie Guillou 47. Gamma/Xavier Rossi 88g. amma/Raphaël Gaillarde 92. Gamma/S005 94b. La Goëlette, Saint-Ouen 16. Keystone 87b. eemage/MAFEBA/AGF 50-51. Leemage/Selva, Paris 30. Rosine Mazin, Vincennes 4-5, 9. Agence architecture Moatti et Rivière, Paris 93b. Musée de l'Armée-dist. RMN 2e plat de couv. 10, 12-13, 9h, 20b, 22b, 28-29, 32b, 41h, 44-45, 52g, 52-53, 53d, 57, 65b, 66, 67h, 69b, 70h, 70b, 72hd, 76h, 76b, 77, 9b, 81b, 82h, 83d, 97. Musée de l'Armée/Alain Argentin-dist. RMN 41b. Musée de l'Armée/Émilie ambier-dist. RMN 67b, 72g, 72bd, 79h, 87h. Musée de l'Armée/Jean-Yves et Nicolas Dubois-dist. MN 63, 64g, 64d, 65h, 117. Musée de l'Armée/Hubert Josse-dist. RMN 15. Musée de l'Armée/ latthieu Lombard 118. Musée de l'Armée/Caroline Rose-dist. RMN 1, 17h, 17b, 24-25, 34, 52b, 82b-3b. Musée de l'Armée/Pacal Segrette-dist. RMN 14b, 18b-19b, 21, 54, 55, 59m, 62, 64mg, 64md, 68b, 3, 78h, 78b, 80h-81h, 85, 93h, 95. Musée de la Cité Interdite, Pékin 69h. Musée des Beaux-Arts, ouen/Catherine Lancien-Carole Loisel 80b. François Poche/Atelier culturel, Saint-Chéron 2-3, 6, 7, l, 84, 88-89, 96. Roger-Viollet 60b. SHD, Vincennes 12h, 29b, 31h, 36b, 51b. RMN 22h, 31b, 32h, 40. MN/Daniel Arnaudet 61. RMN/Daniel Arnaudet-Jean Schormans 39. RMN/Jean-Gilles Berizzi 4h, 33, 58-59. RMN/Gérard Blot 23g. RMN/René-Gabriel Ojéda 56b.

REMERCIEMENTS

es auteurs tiennent à remercier, pour leur assistance, les équipes du musée de l'Armée, particulièrement elles de la Division de la recherche historique et de l'action pédagogique, du secrétariat de la onservation, de la conservation, de la bibliothèque et de la Division des relations extérieures.
es Éditions Gallimard remercient chaleureusement le général Bresse, directeur du musée de Armée, pour sa collaboration. Elles expriment leur reconnaissance à Claude Banar, Émilie ambier, Agathe Formerie, Frédéric Lacaille, Anthony Petiteau et Michèle Pierron-Mézenge, du usée de l'Armée, ainsi qu'à Emmanuel Pénicaut au Service historique de la Défense.
lles remercient enfin le CIC pour son soutien à l'ouvrage.

ÉDITION ET FABRICATION

ÉCOUVERTES GALLIMARD
OLLECTION CONÇUE PAR Pierre Marchand.
IRECTION Elisabeth de Farcy.
OORDINATION ÉDITORIALE Anne Lemaire.
RAPHISME Alain Gouessant.
OORDINATION ICONOGRAPHIQUE Isabelle de Latour.
UIVI DE PRODUCTION Fabienne Brifault.
UIVI DE PARTENARIAT Madeleine Giai-Levra.
ESPONSABLE COMMUNICATION ET PRESSE Valérie Tolstoï.
RESSE David Ducreux et Alain Deroudilhe.

ES INVALIDES, L'ÉTAT, LA GUERRE, LA MÉMOIRE
DITION Laurent Lempereur. ICONOGRAPHIE Clémence Grillon.
AQUETTE Pascale Comte.
ECTURE-CORRECTION Jean-Paul Harris et Jocelyne Marziou.
HOTOGRAVURE Nouveau Cap.

Ancien élève de l'ENS de Fontenay-Saint-Cloud, agrégé d'histoire, François Lagrange est responsable de la division de la recherche historique et de l'action pédagogique du musée de l'Armée. Il est également rédacteur en chef des *Cahiers d'études et de recherches du musée de l'Armée*. Il a dirigé l'*Inventaire de la Grande Guerre* (Éditions Universalis, 2005).

Jean-Pierre Reverseau est conservateur général du Patrimoine, directeur adjoint du musée de l'Armée. Il a enseigné à l'École du Louvre l'histoire des armes anciennes durant une vingtaine d'années. Il est l'auteur de nombreux travaux, dont récemment *Armes et armures de la Couronne au musée de l'Armée* (Éditions Faton, 2004).

Ce livre a été réalisé avec le soutien du Crédit Industriel et Commercial

CIC

Dépôt légal : avril 2007
Numéro d'édition : 146764
ISBN : 978-2-07-034196-2
Imprimé en France par Pollina - L 43049